COCKTAILIAN

EDITION Nº1

ZEITGEIST DES TRINKENS

Cocktailian Edition ist aus der Tradition der Buchreihe *Cocktailian* entstanden, einem modernen Handbuch für den Bartender und Connaisseur, das es geschafft hat, mit tiefgehenden Analysen, Key-Cocktails und ansprechender Gestaltung ein zeitloser Wegweiser für Cocktaildurstige zu sein.

Mit der Cocktailian Edition knüpfen wir an diesen ästhetischen und journalistischen Anspruch an. Mit unserem Genusskompass tauchen wir tief ein in die Welt der Bars und Spirituosen sowie der Kultur, die sich darum gebildet hat.

Den Zeitgeist dieser neuen Trinkkultur abzubilden, ist ein Herzensprojekt. Ebenso von Leidenschaft getragen wie die Destillerien, Bars und Cocktails der Protagonisten, die wir porträtieren. Daher gibt es neben tiefgehenden Storys auch starke Bilder. Um genau zu sein: viele starke Bilder, nicht nur fürs Auge, sondern auch für den Kopf. Denn wir möchten, dass Sie nach dem Lesen dieser ersten Ausgabe mindestens den Duft einer frisch geschnittenen Orangenzeste in der Nase haben. Und ein Bild davon.

Cheers!

CAROLINE ADAM
Kreativdirektion

HEREIN-
SPAZIERT

Ein Vorwort ist wie das erste Willkommen in einer Bar. Noch bevor der erste Cocktail auf dem Tisch steht, ist ein Urteil bereits gebildet: Bekommt man eine Schale Nüsse, ein freundliches Hallo, womöglich eine kalte Schulter?

Ich sage daher: Hereinspaziert in die erste COCKTAILIAN EDITION! Wie wäre es mit einer Schale Nüsse, gesammelt von und mit RUBEN NEIDECK, der mit Foraging die Bar weiterdenkt? Dazu einen Tamarillo-Schnaps aus der ersten Destillerie in RUANDA, betrieben von der Schwarzwälderin Katrin Stelzer, oder einen Rye Whiskey aus dem SPREEWALD? Nein? Dann vielleicht einen der 80 DRINKS in einer der 100 BARS, die wir in dieser Ausgabe vorstellen?

Wir würdigen mit der COCKTAILIAN EDITION die Originalität der Barkultur und setzen gleichzeitig ihre Wandelbarkeit in Szene. Dazu sprechen wir mit einer Vielzahl ihrer führenden Protagonisten und nehmen uns Zeit, ihre Geschichten ausführlich zu erzählen. In diesem Sinne hoffe ich, der erste Eindruck ist ein guter. Es wird nämlich noch viel besser. Versprochen.

Viel Vergnügen bei der Lektüre!

STEFAN ADRIAN
Chefredaktion

―――― INHALT ――――

MENSCHEN

SPREEWOOD DISTILLERS — 6
Drei Pioniere machen in Brandenburg
Roggenträume wahr

OSLO — 14
Sj Design gestaltet das Nachtleben
der norwegischen Hauptstadt

RUBEN NEIDECK — 64
Der Bartender des Jahres zaubert
die Natur ins Glas. Ein Porträt

RUANDA — 78
Katrin Stelzer betreibt die erste Destillerie
des Landes. Ein Besuch

COCKTAILS

NEUES TRINKEN — 53
Kreationen von Niccolò Avanzi, Marian Beke,
Kostas Ignatiadis, Margot Lecarpentier, Anne
Linden, Jim Meehan, Chloé Merz und Ivy Mix

COCKTAILKOMPASS — 96
50 Rezepturen zwischen Klassik und Moderne

LIEBESERKLÄRUNG — 122
Swetlana Holz, Ian Burrell, Thomas Domenig
und Johannes Möhring lieben Schnaps.
Uns verraten sie, welchen genau

HAUSBAR — 152
16 Spirituosen für den Barschrank zu Hause

TULUS LOTREK — 194
Zeigt vor, wie alkoholfreie Begleitung
in der Sterneküche geht

LAST WORD — 206
Maria Gorbatschova sagt zum Abschied:
»Werdet Bartender!«

INHALT

BARS

WAS TUN IN — 41
Kapstadt, Kopenhagen & Tulum.
Drei Kreative und fünf besondere Orte

NEUE BARS — 24
Originelle Konzepte, die beeindrucken

THE ART OF BAR — 146
Basiskunde für den Heimgebrauch

BARKOMPASS — 159
70 führende Bars in Deutschland,
Österreich und der Schweiz

AUSZEICHNUNGEN — 192
Die Gewinner der MIXOLOGY BAR AWARDS
2020 im Überblick

EINBLICKE

LINIE AQUAVIT — 22
Die skandinavische Spirituose
zwischen Fass und Äquator

BACARDÍ — 36
Die Familiendynastie im Zeichen
der Fledermaus

SCHWEPPES — 48
Wie ein deutscher Juwelier
eine Weltmarke erschuf

LILLET — 62
Sue Amirpour im Interview

ZWIESEL — 94
Die bayerische Glasmanufaktur spielt
mit den Elementen

BELSAZAR — 204
Deutsche Pioniere denken Wermut weiter

DER RUDERER IM ROGGEN

AUTOR Richard Cicogna
FOTOGRAFIE Caroline Adam

Bastian Heuser wollte ein Whiskyfass kaufen — und kam mit einer Destillerie nach Hause: Vier Jahre später treiben die Spreewood Distillers deutschen Roggenwhisky voran. Wie alles kam und wo sie hinwollen, erklärt der Pionier auf einer Paddelfahrt durch den Spreewald.

Auf heimischem Gewässer unterwegs, in der globalen Whisky-Welt zu Hause: Bastian Heuser und die Spreewood Distillers

Der Teufel selbst soll verantwortlich sein für das Gewirr von Wasserläufen im Spreewald. So erzählt es eine Sage. Genau genommen ist der Spreewald nach dieser Erzählung nur eine Art Abfallprodukt der Spree. Denn als der Teufel das Flussbett dieser Wasserader mit einem Ochsengespann aufbrechen wollte, zeigten sich die Tiere störrisch und zogen mal nach rechts, mal nach links. Erzürnt warf der gehörnte Kutscher seine Mütze nach den Tieren, worauf diese durchbrannten und mit dem Pflug ein Gewirr von Furchen hinterließen.

Es ist schwer, diese Bilder in Einklang zu bringen mit der Idylle, die sich uns heute bietet. Wir sitzen mit Bastian Heuser, einem der Gründer der SPREEWOOD DISTILLERS, in einem grünen Kanu und gleiten langsam einen der Spreekanäle entlang. Links und rechts säumen Bäume und Stauden mit dicken Blütendolden den Wasserlauf. Leuchtend blaue Libellen umschwirren uns. Was auch immer der Teufel vorgehabt hat, es ist etwas Himmlisches daraus entstanden.

»Wir wollen nicht ausschließlich bei einer älteren, männlichen Zielgruppe verortet sein mit dem Bild von Ledersofa und Zigarre.«

Und sollte der Zufall bei der Entstehung dieses Gewirrs aus rund 1.000 km Wasserläufen südöstlich von Berlin tatsächlich keine Rolle gespielt haben – Bastian Heuser hat er auf jeden Fall hierhergeführt. Denn eigentlich wollte der ursprünglich aus Köln stammende ehemalige Bartender nur ein Whiskyfass kaufen, um die Kunden seiner Agentur zu beglücken. Statt mit einem Fass Hochprozentigem kam er gleich mit einer ganzen Destillerie nach Hause. Mit von der Partie waren und sind seine zwei Partner Steffen Lohr und Sebastian Brack, genauso wie er tief verwurzelt in der Getränke- und Gastronomiebranche.

Rund eineinhalb Stunden von der deutschen Hauptstadt entfernt betreiben sie nun ein Unternehmen mit rund zehn Mitarbeitern, pendeln zwischen ihren Wohnorten in Berlin und dem Spreewald hin und her. »Steffen macht die Produktion und das Operative vor Ort. Sebastian hat ein Auge fürs Design und den Vertrieb. Und ich bin der Allrounder, der sich um die Finanzen und die Vermarktung kümmert«, erklärt Bastian Heuser die Aufteilung und warnt gleichzeitig vor einem übers Wasser hängenden Ast.

An einer Art Wasserkreuzung begegnen uns wenig später mehrere Kähne mit Touristen, gesteuert von Einheimischen, die zum Teil die sorbische Tracht der Region tragen. Man grüßt sich freundlich. Die tätowierten jungen Unternehmer aus der Hauptstadt sind mittlerweile keine Unbekannten mehr im Dorf.

»Mir war die Region ein Begriff«, erläutert Heuser, befragt danach, wie gut er den Spreewald gekannt habe, »aber ich hatte vorher keine Berührungspunkte.« Auch wenn er schon über zehn Jahre in Berlin lebe, sei »Brandenburg nicht Berlin und Berlin nicht Brandenburg«. Zwar lägen beide Regionen nah beieinander, aber im Alltag seien »sie oft auch weiter voneinander weg, als man denkt«.

Die Selbstständigkeit habe ihn, der vor Spreewood gemeinsam mit Partnern zehn Jahre lang die weltweit führende Spirituosenmesse Bar Convent Berlin organisierte, schon immer gereizt. Aber die eigene Destillerie sei schon eine ganz besondere Herausforderung. Vor allem den Faktor Zeit habe man unterschätzt.

Drei Jahre muss das Destillat, das aus Roggen aus der Region entsteht, im Fass liegen, bis es sich Whisky nennen darf. Um die Grundlagen dafür zu schaffen, waren eine Menge Investitionen zu tätigen. Mittlerweile macht das Spreewood-Team alles vor Ort selbst. Maischen, Brennen und Reifen. Soeben ist ein neues Fasslager fertiggestellt worden.

»Gerade in Deutschland ist der Konsument von Single Malt Whisky sehr konservativ«, erklärt Heuser, befragt zum Status von deutschem Whisky. Über etwas, das nicht aus Schottland stammt, werde häufig gleich die Nase gerümpft. Das sei auch einer der Gründe gewesen, weshalb man sich nach Übernahme der Destillerie auf Roggen spezialisiert habe: »Wir wollen nicht nur bei einer älteren, männlichen Zielgruppe verortet sein mit dem Bild von Ledersofa und Zigarre.«

RYELIGHT

2 cl Stork Club Rye Whiskey
5 cl Roséwein
2 - 3 Dashes Zuckersirup
Tonic Water

Zubereitung – Rye Whiskey, Roséwein und Zuckersirup im Longdrinkglas auf Eiswürfeln verrühren. Anschließend mit Tonic Water aufgießen.

Wie zum Beweis reicht Heuser in einer Paddel-Pause einen Cocktail auf Basis des hauseigenen Rye, kombiniert mit Roséwein und Tonic Water. Hört sich ungewöhnlich an, funktioniert aber erstaunlich gut an diesem Sommertag.

Bisher gilt Roggenwhisky allerdings als amerikanische Domäne. Die von europäischen Einwanderern entwickelte Spezialität war früher eine wichtige Cocktailzutat und erlebt in den letzten Jahren eine Renaissance. Im Gegensatz zu den amerikanischen Vertretern haben Heuser, Lohr und Brack aber keine Beschränkungen in der Fassreifung. Die US-Kollegen müssen frische amerikanische Weißeiche verwenden. Spreewood wiederum kann auch mit gebrauchten Fässern arbeiten und europäische Napoleoneiche verwenden. Die Fachwelt hat die hervorragende Arbeit der drei Spreewälder jedenfalls rasch erkannt: Im Rahmen der *World Whiskies Awards 2019* erhielten sie die Auszeichnung zum *World's Best Rye Whiskey*, ein Novum für einen Whiskey aus Deutschland. Und bei der *International Wine & Spirits Competition* in London gewann ihr Vorzeige-Rye Gold mit 98 von 100 möglichen Punkten.

(v.l.n.r.) Sebastian Brack, Bastian Heuser & Steffen Lohr wagen den großen Wurf.

DAS WALD-VENEDIG BRANDENBURGS

Das UNESCO-Biosphärenreservat Spreewald umfasst eine Gesamtfläche von 480 Quadratkilometern. Der Fremdenverkehr ist der wichtigste Wirtschaftszweig der Region. Rund 2,5 Millionen Besucher kommen jedes Jahr in die Region. Populär sind vor allem die Fahrten auf breiten, flachen Holzkähnen, die mit Hilfe eines sogenannten Rudels, einer langen Holzstange, fortbewegt werden. Das Feuchtgebiet ist Lebensraum einer Vielzahl geschützter Tier- und Pflanzenarten. Heimische Weiß- und Schwarzstörche sind die bekanntesten davon.

»Für meine Kinder ist es greifbarer geworden, was ihr Vater macht. Jetzt brauchen sie nur auf ihr Spreewood-T-Shirt zu zeigen, wenn sie in der Schule danach gefragt werden.«

> »Whisky zu machen, erfordert Zeit und Planung. Das hier ist ein Lebensprojekt.«

Bei allen Vorteilen, die die Verankerung der Destillerie in einer der schönsten Regionen Deutschlands hat, gibt es auch eine Grenze, bis wohin das Regionale trägt. »Wir haben festgestellt: Geschmack muss vor das Dogma ›lokal‹. Die Eichen aus dem Spreewald funktionieren in der Fassreifung einfach nicht.« Und auch wenn man angetreten sei, Whisky herzustellen, surfe man nun doch auch mit auf der Gin-Welle. »Wir haben uns zweieinhalb Jahre dagegen gewehrt, einen Gin zu machen«, sagt Heuser. »Und dann kam eine gute Idee und wir mussten uns eingestehen – das funktioniert.«

Erst im kommenden Jahr wird der Whisky in den Verkauf gehen, den die drei Unternehmer wirklich selbst destilliert und ins Fass gelegt haben. »Das hier ist ein Lebensprojekt«, sagt der zweifache Familienvater, als wir wieder am hauseigenen Steg anlegen. Wenn man zum Beispiel einen zehnjährigen Whisky auf den Markt bringen wolle, erfordere das schlicht Planung und einen gewissen Zeithorizont.

Und wie geht seine Familie mit der nunmehr dritten Karriere des unternehmerischen Überzeugungstäters um?

»Meine Frau war anfangs nicht sehr begeistert, als ich mit der Destillerie um die Ecke kam«, gesteht Heuser. Mittlerweile hätten sich die Wogen allerdings geglättet. »Und für meine Kinder ist das viel greifbarer geworden, was ihr Vater macht. Jetzt brauchen sie nur auf ihr Spreewood-T-Shirt zu zeigen, wenn sie in der Schule danach gefragt werden.« •

DIE SPREEWOOD-DESTILLERIE

Im Jahr 2003 gegründet und seit 2016 im Besitz des Trios Bastian Heuser, Steffen Lohr und Sebastian Brack, ist Spreewood die erste reine Roggenwhisky-Destillerie Deutschlands. Auf der Basis des Roggendestillats stellt das Unternehmen außerdem verschiedene Liköre und Brände her.

Beliebt bei den Touristen ist zum Beispiel der Spreewood Gurkengeist. In Zusammenarbeit mit dem Botanischen Museum Berlins entstand kürzlich ein Humboldt Gin. Erhältlich sind die Produkte der Firma im gut sortierten Einzelhandel oder direkt über den hauseigenen Webshop.

Besuchen kann man die Destillerie mit integriertem Hof-Café im Winter von November bis einschließlich März von Donnerstag bis Sonntag von 10 bis 17 Uhr. Von April bis einschließlich Oktober ist das im Stil eines klassischen Vier-Seiten-Hofs errichtete Gebäude-Ensemble täglich von 10 bis 17 Uhr geöffnet. Führungen und Verkostungen auf Anfrage.

— spreewood-distillers.com

»FRÜHER WAR HIER *NICHTS.*«

AUTORIN Juliane E. Reichert

Jetzt ist hier einiges. Ein Rundgang durch Oslo mit Simon Bartley und James Richardson, die mit ihrem **Studio Sj Design** *die Barlandschaft der norwegischen Hauptstadt prägen.*

Foto: Haakon Hoseth

»Bestückte Backboards wecken bloß Erwartungen. Und Erwartungen machen kurzsichtig für potenziell neue Erfahrungen.«

Über Oslo spricht man nicht erst, seit das Himkok dort steht. Das tat man auch schon zuvor, und man tut es weiterhin. Weil Oslo, aus unbekannten Gründen und trotz der Alkoholsteuer, einer jener Orte geworden ist, die Menschen mit kulinarischen Interessen anziehen. Zumindest diejenigen, die bereit sind, Geld in die Hand zu nehmen und für ein Sixpack Bier und Cider 62 Euro zu bezahlen. Ja, das kann so traumatische Ausmaße annehmen, dass man Artikel damit beginnt. Fakt ist, dass Oslo eine Reise, ja sogar einen Umzug wert ist für die, die sich für eine sich rasant entwickelnde Barkultur interessieren.

»Früher war hier nichts«, erzählt Simon Bartley, Gründer des Osloer Designstudios SJ DESIGN – kurz SJD –, das er heute gemeinsam mit seinen Partnern James Richardson und Silje Alger leitet. Mit »hier« meint er die Gegend rund um die HIMKOK BAR, in der wir sitzen und die er höchstselbst entworfen hat. Mit »hier« meint er nicht nur das Barleben in der Kapitale allgemein, sondern auch das Gebäude des Himkoks selbst: »Das hier«, so erzählt Erk Potur, Inhaber und Gründer der Aquavit Destillerie und Bar, als die das Himkok auch firmiert, »war früher ein illegales Thai-Restaurant.« Und zu einem anderen Zeitpunkt ein Laden für Pelzbekleidung.

Und auch wenn Simon Bartley und James Richardson in ihren Projekten sehr präzise darauf achten, was die individuellen Wünsche ihrer Klienten sind, so stehen doch das Gebäude und seine Geschichte im Fokus. Im Grunde sind die beiden so etwas wie Tätowierer für die Barszene der Stadt: »Natürlich bekommt jeder Kunde seine Bar genau so gebaut, wie er sie haben will, auch wenn wir der Meinung sind, der Stil passe weder ins Gebäude noch in die Gegend. Aber in der Regel kommen die Leute doch zu uns, weil sie uns vertrauen.«

Ein Rundgang durch die Himkok Bar bestätigt, dass man Simon und James mit Fug und Recht vertrauen kann. Eine dicke Holzdecke umrahmt eine Stahlkonstruktion, hinter der ein hölzerner Tresen ohne Backboard hervorlugt. »Bestückte Backboards wecken bloß Erwartungen. Und Erwartungen machen kurzsichtig für potenziell neue Erfahrungen«, so Erk. Der ist trotz der Erfolgsgeschichte, die das Himkok inzwischen schreibt, sicher, dass er das Himkok kein zweites Mal eröffnen würde, wenn er wüsste, wie teuer das Unterfangen werden, wie viele Nerven es kosten würde. Die Decke sei marode gewesen, zum Teil habe er seine Leute nicht bezahlen können, und manchmal habe er sich mit Simon heimlich getroffen – heimlich vor seiner Frau, deren Nervenstränge auch allmählich dünn geworden seien.

Aber besondere Konzepte verdienen besonderes Engagement, und wenn Erk dann in seinem Raum steht, der eigens zur Kreation von Eiswürfeln existiert, ist es keinesfalls Reue, die da aus ihm spricht. Und erst recht nicht, wenn er hinter den Panzerglasscheiben seiner Destillerie steht.

Das Design seiner Karte ist angelehnt an die alten Stickereien, die oft in den Landhütten der Norweger hängen: »Ist so ein Norwegen-Ding, hier hat so gut wie jeder eine Hütte«, scherzt Erk, gebürtiger Türke. »Die Osloer Polizei wohnt direkt hinter dieser Wand«, sagt er und zeigt hinter sich. »Und hat sich ziemlich gewundert, dass plötzlich ein Türke kommt und Aquavit machen will.« Aber sie haben ihn gelassen, und jetzt hat er begonnen, die ersten Sherry- und Bourbonfässer im Keller zu lagern. Erks Aquavit soll sich nämlich eines Tages auf die Reise nach Jerez machen.

Als Simon nach Oslo kam, gab es vor allem Bierbars, erzählt er. Das ist per se keine schlechte Sache. Denn da gibt es beispielsweise Orte wie TEDDY'S SOFTBAR. Gelegen in Grønland, kann man sich hier noch an der Inneneinrichtung von 1958 laben, obendrein an einer echten Wurlitzer Jukebox und einem Haufen Menschen, die diese mit Leidenschaft bedienen. Die Bierauswahl ist möglicherweise nicht ganz so elaboriert wie in der ebenfalls von sjd designten Crow Bar & Bryggeri in der Torggata, dafür lauschig und intim, außerdem kann sie sich jeder leisten. Und wie bereits erwähnt, ist das in Norwegen nicht gesetzt.

An der CROW BAR & BRYGGERI, in ihrer Barsituation recht nah an Orten wie BrewDog oder Mikkeller, bemerkt man abermals, dass hier jemand am Werk war, der sich überlegt hat, wie man Konzept und Kiez zusammenbringen kann. In dem Haus war nämlich vor der Bar ein stadtbekannter Dönerladen. Und weil man Städtern nie ihren Kebab wegnehmen sollte, wohnt im Obergeschoss nun eine gehobene Dönerküche. Wer es allerdings auf ein ganzes Schwein abgesehen hat, wird auch diesbezüglich fündig. Die Bar liegt übrigens in fußläufiger Entfernung vom Bezirk Grünerløkka und dem gleichnamigem Park, in dem es sich zu flanieren lohnt; selbst wenn es bloß für die Durstpause in der gleichnamigen Außengastronomie am Fuße des Parks ist, flankiert von einer famosen Achtziger-Jahre-Playlist.

»Natürlich bekommt jeder seine Bar, wie er sie haben will. Aber in der Regel kommen die Leute zu uns, weil sie uns vertrauen.«

ANDRE TIL HØYRE BAR

»Man musste sich Mühe geben, wenn man bezahlen wollte, und die Hauptbeschäftigung bestand darin, sich zwischen stehenden Menschen und gestresstem Barpersonal durchzuquetschen.«

SNEAKY-TIKI 3 cl Linie Aquavit mit Tonkabohne infusioniert, 2 cl Sirup von langsam gegrillter und gesalzener Ananas, 1 cl Kalani Kokos-Rumlikör, 5 Basilikumblätter – shaken und auf Crushed Ice servieren

Weiter geht es in die ANDRE TIL HØYRE BAR, nur wenige Gehminuten vom Himkok entfernt. Der Grundgedanke hier ist einfach: Man betritt das Wohnzimmer und passiert das Speisezimmer, um zur Küche, also zur Bar, zu gelangen. Die Farben sind gedeckt, Wes Anderson wäre es nicht besser eingefallen, und an zusammengeschnürten Vorhängen und Sofas fehlt es auch nicht. Der populärste Drink der Bar im letzten Jahr war der SNEAKY-TIKI, ein von Alexandra Mateus, einem Zögling des Barmanagers Xuseen Simon-Miskell, kreierter Drink. Der Cocktail ist aromatisiert mit Tonkabohne, deren Aromen es Xuseen sichtlich angetan haben: »Tonka schmeckt, als hätten Vanille und Mandel ein Baby«, feixt er und zählt die weiteren Zutaten des Drinks auf: Salz, Ananasmarmelade, Kokosnusslikör und Thai-Basilikum.

Die Haltung hinsichtlich des Ausgehens sei früher schlichtweg eine ganz andere gewesen, so James, während wir allesamt an einem Sneaky-Tiki schlürfen. »Die abendliche Barerfahrung? Verschwitzt, zu eng und anstrengend. Man musste sich Mühe geben, wenn man bezahlen wollte, und die Hauptbeschäftigung bestand im Grunde darin, sich zwischen stehenden Menschen und gestresstem Barpersonal durchzuquetschen.«
Erk hat dem im Himkok ein rigoroses Ende gemacht: Kein Mensch steht, er bittet jeden einzelnen Gast auf eine der Bänke oder den Hocker. Angeführt vom Himkok hat sich Oslo – das darf man wohl so sagen – innerhalb der letzten Jahre zu einem Ort gemausert, der auf internationalem Niveau mithält. Und das, ohne die regionalen Wurzeln zu verraten: Es gibt wohl keine Spirituose, die so häufig in Bars zu finden ist wie Aquavit. In norwegischen Duty Frees möchte man aufgrund der Vielfalt beinahe meinen, Aquavit würde in dem Land gehandelt wie Gin in Großbritannien.

Erk hat seinen Aquavit – der ungereift qua definitionem kein wirklich norwegischer Aquavit sein darf – seit zwei Jahren auch bei dem norwegischen Wein- und Spirituosenmonopol Vinmonopolet untergebracht. Das ist eine gute – weil die einzige! – Methode, in Norwegen Alkoholika zum Mitnehmen zu verkaufen, die über 4,7 % Vol. Alkohol aufweisen.

Der Begriff Himkok ist übrigens Dialekt und leitet sich von Heimgebrautem, von zu Hause Gekochtem ab. Kann man – und ich sage es an dieser Stelle zum letzten Mal – preislich nachvollziehen. Doch es ist eine schöne Ära, in der Heimgemachtes geteilt und öffentlich gemacht wird. Also, ab nach Oslo: Durch den Währungswechsel schmerzt es auch etwas weniger, versprochen.

VON FÄSSERN *UND PFERDEN*

AUTOREN Juliane E. Reichert & Stefan Adrian

Jedes einzelne Fass *Linie Aquavit*, das in der Destillerie nahe Nitelva bei Oslo reift, tritt n einem Schiff eine Reise über den Äquator an.

Es gibt keine Spirituose, die eine vergleichbare Geschichte aufweisen kann: LINIE AQUAVIT reift ein Jahr lang im eigenen Fasslager und danach vier Monate in Fässern auf Schiffen, die den Äquator kreuzen. Der Legende nach erwies sich eine versprengte Ladung des norwegischen Nationalgetränks Anfang des 19. Jahrhunderts durch Zufall als überraschend mild und komplex im Geschmack. Ein Mythos war geboren – und blieb seither bestehen.

Dieser Mythos muss jedoch – im wahrsten Sinne des Wortes – dicht halten. Linie-Aquavit-Klassiker bekommen im Sherryfass eine leichte Süße, während das Madeirafass Noten von gereiftem Obst hervorholt. Im Portweinfass entwickeln sich fruchtige Aromen bei wesentlich mehr Süße.

PORTRÄT

> *»Bei den Fassbindern von Linie Aquavit riecht es, als wären ein Weinkeller und ein Sägewerk eine Symbiose eingegangen: ziemlich gut also.«*

Aber welche Fässer es auch sind, Küfer Arne Jøran Øyen und sein Team sorgen dafür, dass sie seetauglich sind.

»Unsere Aufgabe ist es, sicherzustellen, dass die Fässer keine undichten Stellen haben. Wir ersetzen defekte Dauben mit altem oder neuem Material, je nachdem, ob auch das sensorische Geschmacksprofil verändert werden soll«, beschreibt der Fassbinder seine Aufgabe – und setzt sich ans »Pferd«. So nennt man das Gerät, an dem die Dauben händisch bearbeitet werden. »In unserem Jargon bezeichnen wir den Vorgang als ›das Pferd rasieren‹«, grinst Arne Jøran Øyen.

Die bei Oslo gelegene Destillerie steht auch Besuchern offen. Entlang der Tanks riecht es wunderbar nach Kümmel und Koriander, aber auch Vanille, Kardamom, Zimt, Mokka oder Kokosnuss finden den Weg in die Nase. In den Werkstätten der Küfer weichen die Aromen freilich auch dem Geruch von Metall und Holz. Jede dieser Dauben, jedes dieser Fässer, denkt man, wird irgendwann über den Äquator segeln.

Das ist tatsächlich eine sehr spezielle Geschichte. Der Zufall ist eben manchmal der beste Entdecker. •

Die Dauben der Fässer werden händisch bearbeitet. Den Vorgang nennen die hauseigenen Küfer »das Pferd rasieren«.

NEUE BARS

AUTOR Martin Stein

Wir studieren Kwantenphysik in London, um in einem irrlichternden Odeon alles zu vergessen. Geblendet und von Sinnen jagt uns ein Löwe von Rom bis Bukarest, bis wir in Madrid Zuflucht finden. Dort träumen wir von fernen Salzlacken und deutschen Wäldern, während Rita in Mailand auf uns wartet und unser Bruder in Wien. Da sitzen sie, einen Drink vor sich, und winken. Endlich. Alle da.

ERFRISCHENDE
SOUVERÄNITÄT

»Ich will, dass es keine Schwellenangst gibt, hierherzukommen.« KWĀNT kommt von *quaint*, also »schrullig« in etwa, und deshalb schreibt es sich passenderweise auch gleich ein bisschen schrullig. Erik Lorincz, langjähriger Barchef des SAVOY in London, weiß, dass bei seiner neuen Bar die Messlatte auf Höhe seiner alten Wirkungsstätte angelegt wird. Er reagiert darauf erfrischend souverän, indem er sich nicht darum kümmert. Was sinnvoll erscheint, hat er mitgenommen: »Die weißen Jacketts gibt es auch hier, weil dunkle Arbeitskleidung immer den Eindruck erweckt, man hätte etwas zu verbergen.« Anderes gibt es nicht mehr oder in abgewandelter Form, wie die deutlich günstigere Vintage-Karte. Die Bar selbst ist einerseits klassisch, aber doch auch bequem, mit einem Pinselstrich Marokko und einem Hauch Tiki. Die Drinks wiederum sind sehr Savoy. Nur preislich nicht. Da kann man im Kwānt doch deutlich länger sitzen bleiben.

KWĀNT

25 Heddon St, Mayfair
London W1B 4BJ
— instagram.com/kwantlondon

Fotos: Stefano Agostino

VOLLENDETE
DREIFALTIGKEIT

»Mit dem ODEON schließt sich der Kreis«, sagt Paul Sieferle, denn dort hat er zusammen mit Abian Hammann als Bartender gearbeitet, und dort wird nun nach dem HAGESTOLZ und dem SIEFERLE & KØ auch der dritte stolze Turm des ansehnlichen Mannheimer Bar-Bollwerks errichtet. Von der Vergangenheit als studentische Kino-Gastro ist zwar nicht mehr viel zu sehen, aber trotzdem ist der Stil weniger eine Weg- als eine Weiterentwicklung. Die Drinks zeigen eine klare Kante: Da werden Charaktere ins Glas gestellt, die nicht noch ein fröhliches Hütchen auf dem Kopf benötigen, um bemerkt zu werden. Entsprechende Wertigkeit genießen Wein und Essen: gerne regional, qualitativ hochwertig, ohne unnötiges Brimborium, dafür in der klaren und eindeutigen Formensprache erfahrener Gastronomen, die kein Navi benötigen, um ganz genau zu wissen, wohin die Reise sie führen soll.

ODEON

Quadrat G7, 10
68159 Mannheim
— instagram.com/odeon_mannheim

SPEKTAKULÄRE
FRÖHLICHKEIT

»Ich habe mir ein Stück meiner Vergangenheit auf Kreuzfahrtschiffen und karibischen Inseln zurückholen können«, freut sich Edoardo Nono, der mit Gianluca Chiaruttini in Mailand das RITA'S TIKI ROOM betreibt. Seine Erinnerung an exotische Früchte und frischgepresste Säfte ist etwas, was nicht durch Jahrzehnte künstlicher Schirmchendrinks zerstört werden konnte. Die Bar tritt mit einer souveränen Fröhlichkeit auf, als könnte sie das Erbe von »Trader Vic« und »Don the Beachcomber« gleichzeitig schultern. Dass die große Zeit der Tiki-Bars lange vorbei sein soll – das ist hier nicht zu erkennen. Schon die Küche unter Eugenio Roncoroni ist ein spektakuläres Vielfaches einer thematisch abgestimmten Trinkbegleitung, und die Drinks selbst verraten ein tiefes Wissen über alle Destillatvarianten aus den jeweiligen Regionen. Und so zeigt sich hier tatsächlich ein würdiger Erbe einer großen Vergangenheit.

RITA'S TIKI ROOM

Ripa di Porta Ticinese 69
20144 Mailand
— ritastikiroom.com

EXPERIMENTELLE
RADIKALITÄT

»Es soll sein wie bei der Oma im Gasthaus«, sagt der für die Küche zuständige Lucas Steindorfer, der zusammen mit Hubert Peter in Wien das BRUDER betreibt; allerdings hegt man dann bald den Verdacht, dass die Oma vielleicht im Kopenhagener NOMA ihren Erdäpfelsterz herausgebraten hat. Wobei die Küche vor allem dadurch Oma-Assoziationen weckt, dass auch mal die Speisekammer das Menü diktiert und man dem Gericht bei einer allerdings höheren Evolutionsstufe des Werdens zuschauen kann. Die Fermentier-Attacken stammen dann vor allem aus dem Bereich der Bar, und sie sind Zeichen einer grundsturen Weigerung, sich mit einem Industriestandard zufriedenzugeben, den man höchstens als mittelmäßig bezeichnen mag. Dann macht man das halt selber. Die experimentelle Radikalität lässt sich schon dadurch sehr gut ertragen, dass sie schmeckt. Und auch, weil man sich selbst nicht zu ernst nimmt, oder wie sie es selbst bezeichnen: »Stadt, Wald, Rausch!«

BRUDER

Windmühlgasse 20
1060 Wien
— bruder.xyz

Fotos: Manuel Haring

BEISSERISCHE
VIELFALT

»Einen schlichten und doch warmen Raum zu schaffen, mit einigen glänzenden Highlights aus Messing, das war unser Ziel,« sagt Fadi Draghici, der als Besitzer des Bukarester BITE auch federführend beim Design ist – und der trotz oder gerade wegen seiner Jugend mit spielerischer Leichtigkeit eine dezente Souveränität an den Tag legt, gegen die der nicht besonders weit entfernte Palast des Volkes umso mehr wie ein plumpes Betongeschwür wirkt. Grenzübergreifend wie das Ambiente des Bite mit seinen rumänischen, russischen, dänischen oder italienischen Elementen ist auch die Karte; da wird bei den Getränken wie beim Essen munter durch die Länder kombiniert oder klassisch erfrischt. Qualität steht vor Stilrichtungsideologie, und was an den Tisch kommt, ist am Ende unprätentiös gut.

BITE

Strada Mătăsari 53
Bukarest 030167

— bitebucharest.ro

Fotos: Andrei Becheru

SPIELERISCHE *LEICHTIGKEIT*

»Wir wollten nicht nur eine Bar schaffen, sondern auch ein Gefühl aus der Vergangenheit dieses Stadtteils wieder aufleben lassen, ein Gefühl der Freude und der Aufregung, wie es früher im Zirkus war«, so Fernando Molina aus dem Team um den SAN MATEO CIRCUS in Madrid. Der Stadtteil, um den es geht, ist das umtriebige Malasaña, und die Bar tritt bewusst in den Örtlichkeiten eines legendären früheren Nachtclubs an, um Vergangenes nicht durch Bedeutungsloses verdrängen zu lassen. Die spielerische Leichtigkeit des Designs soll tagsüber entspannen; abends wird sie zum Zentrum pulsierenden Lebens, und die Ziele sind so hoch wie die Ansprüche an sich selbst: Man ist angetreten, um eine Ikone zu schaffen, und dazu werden Speisen und Getränke geboten, die dem Ambiente entsprechend nach oben hin keine Luft mehr lassen. Aber in Madrid weiß man eben, was man zum Gewinn der Champions League braucht.

SAN MATEO CIRCUS

Calle de San Mateo, 6
28004 Madrid
— sanmateocircusmadrid.com

ANGESTREBTE
EWIGKEIT

»Manchmal reicht ein einfacher Cocktail, um die wahre Essenz Roms einzufangen« – so stellt sich das LIÒN selbst vor, aber man braucht nicht lange, um herauszufinden, dass römische Einfachheit mit der Einfachheit der restlichen Welt wenig zu tun hat. Die Bar mit ihrer Mischung aus modernem Design und Art-déco-Zitaten ist mit »prachtvoll« nur unzureichend beschrieben und scheint jederzeit mit der Wiederauferstehung Federico Fellinis zu rechnen. Deshalb ist die Bar auch nicht nur in der Stadt, sondern Teil der Stadt, und deshalb hat sie auch dem mehrtausendjährigen Anspruch Roms zu genügen. Und die Cocktails, die diese Bar ausmachen, sind nicht nur Getränke, sondern alte Aristokratie und Cinecittà, sie sind Gemälde und Lieder und Geschichten, die man sich erzählt und die das Gestern mit dem Heute und dem Morgen verschweißen. Warum sollte denn eine Bar auch weniger als die Ewigkeit anstreben?

LIÒN SEAFOOD, WINE & COCKTAILS

Largo della Sapienza 1
00186 Rom

— lionroma.it

Fotos: Alberto Blasetti

{ BOTANICALLY *Brewed* FENTIMANS }

A LITTLE BOTTLE BIG IN FLAVOUR

fentimans@moreno.de

ESTD 1905
FENTIMANS

Botanically Brewed · Exquisitely Crafted

www.fentimans.de

DEZENTE
SUPERLATIVE

»Wir haben mit dem LAKE EFFECT nichts Durchschnittliches gemacht«, meint Barfrau und Küchenchefin Adrian Harris aus Salt Lake City selbstbewusst. Nein, haben sie nicht. Die stilvolle, nicht überladene Opulenz des Interieurs scheint letztlich auch nur das angemessene Ambiente zu bieten für eine Liste an Superlativen mit Hunderten von Weinen, Bieren und Whiskeys sowie einer ausufernden Cocktail- und Menükarte – wobei der Craft-Gedanke mit seinem Ideal der hohen Handwerkskunst immer vor der schieren Masse steht. Das Angebot für den Gast ist entsprechend riesig; er kann sich gemütlich vom Frühstück über ein Whiskey-Tasting bis hin zur täglichen Live-Musik den Tag vertreiben. Als *lake effect* bezeichnet man den lokalen Einfluss des Salzsees auf das Klima. Das Lake Effect ist ebenfalls groß und gut genug, um weit über die Grenzen des eigenen Tresens hinaus Einfluss zu nehmen.

LAKE EFFECT

155 W 200 S
Salt Lake City, UT 84101
— lakeeffectslc.com

Fotos: Lake Effect

HÖLZERNER
RUHEPOL

»Wir wollen einen Rückzugsort bieten«, sagt Simon Bach, der zusammen mit Barchefin Ann-Katrin Schäfer das WOODS im Kölner Friesenviertel betreibt. Letzteres zeichnet sich durch ein umtriebiges Partyleben aus, und da kann ein kleiner Ruhepol nicht schaden. Wenig überraschend ist Holz ein dominantes Gestaltungselement, das zum Durchatmen einlädt und dem Gast die nötige Gelassenheit gibt, die an sich immer die Grundvoraussetzung für hochwertigen Genuss sein sollte. Das Flüssige wird ebenfalls ganz eigen akzentuiert: Das Cocktailangebot besteht ausschließlich aus Eigenschöpfungen, die zentrale Spirituose des Hauses ist Korn, und es herrscht eine besondere Affinität zum Cold Brew. All das lädt unaufdringlich zum Verweilen ein, und schon nach kurzer Zeit wird nicht nur die Partymeile, sondern jeglicher Alltagslärm zu einem kaum hörbaren Hintergrundrauschen.

WOODS

Friesenstraße 49
50670 Köln
— woods-cologne.de

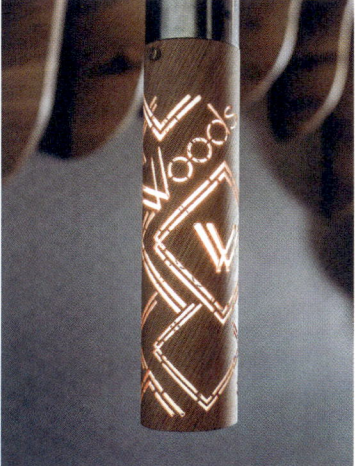

IM BANN DER FLEDERMAUS

PORTRÄT

Logos symbolisieren die Konstanz einer Marke, stehen jedoch auch als Zeichen für ihren Wandel. Kaum ein Icon hat dabei mehr zu erzählen als die Fledermaus von BACARDÍ. Wir erzählen, wie ihr Wappentier die turbulente Geschichte der Familie Bacardi widerspiegelt.

AUTOR Iven Sohmann

Mit 15 Jahren und großen Hoffnungen folgte der aus Sitges bei Barcelona stammende Facundo Bacardi Massó im Jahre 1830 seinen älteren Brüdern in das von Spanien kolonialisierte Kuba. In katalanischer Tradition verdiente er dort lange Zeit als Händler sein Geld, ehe er die Herstellung von Rum für sich entdeckte. Im Vergleich zu Produkten aus den von Großbritannien und Frankreich beherrschten und entsprechend brandsachverständigen Nachbarkolonien galt kubanischer Rum bzw. sein Vorgänger Aguardiente damals als muffig und minderwertig. Das sollte sich ändern.

Nach Monaten des Experimentierens stellten Facundo und sein cognacerfahrener Kompagnon José León Bouteiller ihr noch namenloses Produkt um 1860 ins Warenhaus von Facundos großem Bruder Magín. Von einem Bacardi gemacht, von einem anderen Bacardi verkauft, waren Brand und Name schnell in aller Munde: EL RON DE BACARDÍ bzw. BACARDÍ RUM. Der Grundstein für den Erfolg war also gelegt, doch anstatt zu bauen, wurde gekauft. Für 3.000 Gold-Pesos erwarben Facundo und José León 1862 eine alte Destillerie, die fortan zum Sitz von BACARDÍ, BOUTEILLER, & COMPAÑÍA avancierte.

Amalia Moreau – Facundos Ehefrau, Mutter seiner Kinder und wohlhabende Erbin eines Plantagenbesitzers – unterstützte die Unternehmungen ihres Mannes nicht nur finanziell, sondern nahm wohl auch maßgeblichen Einfluss auf den Markenauftritt. Während Facundo begann, jedes Etikett mit einem energischen »Bacardí M« (M für Massó) zu signieren, um ein Wiedererkennungs- wie Qualitätsmerkmal zu schaffen, schaute Amalia über den eigenen Tellerrand hinaus.

Um die Absenderschaft auch für die analphabetische Kundschaft sichtbar zu machen, riet sie dazu, eine Fledermaus als Symbol zu verwenden. Im Dachgebälk der Destillerie hatten sich zuvor schließlich Fruchtvampire angesiedelt, die von der Zuckerrohrmelasse angelockt wurden. So zumindest eine der Legenden. Gewiss ist, dass Fledermäuse auf Kuba als Glücksbringer gelten und BACARDÍ seither im Zeichen der drollig-dämonischen Draculas steht. Kein Wunder also, dass die Marke sich bis 1868 über die ganze Insel ausbreitete.

1890s

Noch größere Pläne hatte der älteste Sohn der Familie, Emilio Bacardi Moreau, der 1877 die Nachfolge seines Vaters antrat. Tagsüber ließ er Plantagen und Destillerien im ganzen Land errichten, nachts machte er sich mit seinem wachsenden Netzwerk um die kubanische Unabhängigkeit verdient. Für Letzteres wurde er mehrmals inhaftiert, zwischenzeitlich nach Spanien verbannt und 1899 mit der Wahl zum ersten frei gewählten Bürgermeister von Santiago de Cuba belohnt.

Nebenher entwickelte sich das Markenzeichen vom besseren Knasttattoo über eine leckere Hamster-Ente-Crossdarstellung zur bichromen Biobuch-Abbildung. Alles ziemlich komplex und nicht sonderlich kontrastreich, aber damals absolut State of the Art. Warum der Markenschriftzug »BACARDÍ« jedoch dem austauschbaren »Marca de Fabrica« (Handelsmarke) weichen musste, war sicher eine Frage der Gesetze.

1900

Apropos Gesetze. Nach der Eröffnung der ersten Abfüllanlage im Ausland 1910 in Barcelona expandierte BACARDÍ 1916 nach New York. Kurz darauf erließen die USA allerdings das Alkoholverbot, weshalb der Standort schnell wieder schließen musste. »Wenn wir nicht in die USA kommen, kommen die USA eben zu uns«, sagte sich Bacardi und veranstaltete rauschende Partywochenenden, die Kuba den Beinamen »Vergnügungspark Amerikas« einbrachten. Der BACARDÍ Carta Blanca mit seinen Vanille- und Mandelnoten steht seither für klassische Cocktails wie den Mojito.

1931

Das Logo aus der Prohibitionszeit war dabei wie das 1930 in Havanna eröffnete Hauptquartier von BACARDÍ Ausdruck des kubanischen Art déco. Die Fledermaus wurde filigraner, aber kontrastreicher als ihre Vorgänger, und die rote, seit jeher clever an ein Siegel erinnernde Trägerform um einen goldenen Schein erweitert. Zudem nutzten die Schriftzüge die sich auftuenden Lücken nun vorbildlich – ganz BACARDÍ eben.

Obwohl die Bacardis den Sturz Batistas und die kubanische Revolution 1959 unterstützten und sich sogar mit einem »Gracias Fidel«-Banner an der Fassade ihres Hauptsitzes bedankten, führte der pro-sowjetische Kurs Che Guevaras 1960 zur entschädigungslosen Enteignung des Unternehmens. Ein Großteil der Familie verließ daraufhin seine Heimat, das Unternehmen wagte ebenfalls den Neuanfang. Nächster Halt: Bahamas.

1959

»*Ich glaube nicht an ein spanisches Kuba, ich glaube an ein kubanisches Kuba.*«

**Emilio Bacardi Moreau,
Unternehmensvorsitzender 1877 – 1922**

2010

Auch das Markenzeichen brach in dieser Zeit zu neuen Ufern auf. Die Schrift machte die Flatter, die Fledermaus machte die Runde. Die cartoonartige Neuauflage irgendwo zwischen Batman und Spider-Man überraschte und überzeugte handwerklich. Die formale Nähe zu amerikanischen Sport-Logos kann als Symbol für den Familienzusammenhalt gedeutet werden – zumal diese Visualität mit dem traditionellen Schriftbild der Rumflaschen ein wirklich gutes Team bildete. Krasser Sprung, gute Landung.

Weder das eine noch das andere lässt sich leider von den zwei nachfolgenden Logo-Redesigns behaupten, die vor der aktionistischen Effekthascherei der 2000er-Jahre alles andere als gefeit waren. Farbverläufe im 3D-Labyrinth. Egal, passiert den Besten. Das Markenzeichen von 2010 fledermauserte sich ja wieder: weniger Chichi, dafür mehr Dynamik, der Ausbruch aus der Trägerform und ein klarer Blick nach vorne.

2013

Doch Moment mal, der Reihe nach, passt das? Obwohl sich das Unternehmen durch den Zukauf diverser Marken zum internationalen Spirituosenkonzern erweiterte, war der Verlust der Heimat bei der Eigentümergemeinschaft, die aus rund 500 Mitgliedern der Gründerfamilie besteht, immer präsent. Seit ihrer Verbannung engagierte sie sich gegen das Regime, war für die Exilregierung in Miami aktiv und schreckte auch vor Rechtsstreits um staatseigene Konkurrenzmarken nicht zurück. Für BACARDÍ und die Bacardis ging es immer um Kuba.

»Alle Design-Elemente, die wir für die Verpackung und die Marke verwendet haben, stammen aus den Archiven, nichts davon ist erfunden.«

Caz Hildebrand und Tess Wicksteed,
Here Design

Das 2013 von der Londoner Agentur HERE DESIGN überarbeitete Erscheinungsbild zieht die logischen Konsequenzen. Die Fledermaus schaut nun wieder in die Vergangenheit und krallt sich einiges von ihren Versionen vor 1959. Apropos Erbe: Der Reserva Ocho, der bereits 1862 hergestellt wurde, war über sieben Generationen nur der Familie Bacardi vorenthalten. Nach wie vor wird jedes Batch von den Maestros persönlich geblendet. Die hochwertige Herstellung, die lange Lagerung sowie das geschichtsträchtige Packaging machen aus den Produkten Añejo Cuatro, Reserva Ocho und Reserva Gran Diez Produkte, die ihr Erbe stolz zur Schau stellen.

So verbreiten diese Premium-Produkte mit ihren Siegel-Inszenierungen, den Holzgriffkorken und den Zigarrenbanderolen gewordenen Halsetiketten gekonnt das Flair des alten Kubas. Der Pioniergeist von Facundo Bacardi Massó wirkt wieder greifbar nahe. »Kinder, wie die Zeit verfliegt.«

PREMIUM IM FOKUS

Mit den Produkten *Añejo Cuatro*, *Reserva Ocho* und *Reserva Gran Diez* unterstreicht BACARDÍ seine langjährige Erfahrung und erweitert sein Sortiment sukzessive an hochwertigen Premium-Rums. Auf dem erst im Frühjahr 2019 lancierten *Gran Reserva Diez* prangt die Fledermaus in Gold.

WOHIN IN KAPSTADT, KOPENHAGEN *UND* TULUM?

AUTORIN Michaela Bavandi

DREI KREATIVE UND FÜNF BESONDERE ORTE

1. *Die Bar, in der man mich findet*
2. *Das Restaurant, wo man mich kennt*
3. *Der Ort für den Abend zu zweit*
4. *Hier erwischt man mich zu oft*
5. *Das muss ich noch probieren*

1 THE POWER AND THE GLORY

Ich genieße die Afterwork-Drinks und das Ambiente in THE POWER AND THE GLORY, einer Nachbarschafts- und Feinkostbar an der Ecke einer belebten Kreuzung am Anfang der Kloof Nek Road (Straße zum Tafelberg). Häufig geht die Nacht hier gleich weiter.
— 13D KLOOF NEK RD, INSTAGRAM.COM/THEPOWERANDTHEGLORY

2 CLARKE'S

Das CLARKE'S mit seinem freundlichen Personal, bodenständigen Gerichten und einer verdammt guten Bloody Mary eignet sich hervorragend für Frühstück, Mittagessen und Dinners. Es ist zudem in Gemeinschaftsprojekte wie die UMTHUNZI FARMING COMMUNITY, eine städtische Landwirtschaftsinitiative in Kooperation mit lokalen Bauern, eingebunden.
— 133 BREE ST, CLARKESDINING.CO.ZA

3 GIN BAR

Ich liebe die hinter dem HONEST CHOCOLATE CAFÉ in der Wale Street versteckte GIN BAR. Dazwischen befindet sich ein wunderschöner Innenhof, um Drinks oder Schoko-Köstlichkeiten zu genießen – oder beides! Ideal für einen romantischen oder ruhigen Abend zu zweit.
— 64A WALE ST, THEGINBAR.CO.ZA

4 BABYLONSTOREN GARDEN SPA

Ich halte mich weniger mit Clubbing oder *guilty pleasures* auf, sondern widme mich lieber der Natur. Ein »sündhaftes Vergnügen« wäre für mich ein Tag der Entspannung im BABYLONSTOREN GARDEN SPA mit dem Genuss eines Glases Wein.
— KLAPMUTS – SIMONDIUM RD, BABYLONSTOREN.COM

5 GIGI

Das GORGEOUS GEORGE ist ein neues Boutique- und Designhotel im Zentrum von Kapstadt. Es besteht aus zwei verbundenen Gebäuden, ist wunderschön gestaltet und hat eine Rooftop-Bar sowie ein Restaurant namens GIGI.
— 118 ST GEORGE'S MALL, GORGEOUSGEORGE.CO.ZA

KARIN MAE MATTHEE

Karin Rae Matthees Liebe zu Schmuck begann während ihres Studiums der Jewellery and Metal Techniques an der *Stellenbosch University*. Inspiriert von ihrem südafrikanischen und deutschen Familienerbe gründete sie ihr Label DEAR RAE anno 2010. Jedes Stück von Dear Rae wird von ausgewählten Herstellern in Kapstadt produziert.
— DEARRAE.CO.ZA

KAPSTADT

KAPSTADT – SÜDAFRIKA

2 CLARKE'S

3 GIN BAR

1 THE POWER AND THE GLORY

4

BABYLONSTOREN GARDEN SPA

5 GIGI

Fotos: 1 Mavo via Shutterstock / 2 Tyrone Bradley / 3 The Gin Bar / 4 Babylonstoren / 5 Gorgeous George Hotel / Drink: Tomorrows Monday

1 GILT

Ich schätze die GILT BAR, weil sie dort sehr gute klassische Cocktails mixen, deren Elemente aber auch verändern und twisten und neue Kreationen servieren. Ich mag es, wenn Leute versuchen, Bestehendes zu aktualisieren. — RANTZAUSGADE 39, GILT.DK

2 GASOLINE GRILL

Ich habe kein spezielles Restaurant, in das ich immer wiederkehre. Lieber probiere ich verschiedene und neue aus. Grundsätzlich aber mag ich lieber die Option auf verschiedene kleine Gänge anstatt nur ein großes Steak. Trotzdem esse ich wegen der familiären Atmosphäre gerne im GASOLINE GRILL. — LANDGREVEN 10, GASOLINEGRILL.COM

3 BRUS

Da ist man bei BRUS in intimer Atmosphäre bestens aufgehoben. Neben ihren eigens hergestellten präsentieren sie oft unkonventionelle Biere auf ihren Karten. Mein momentaner Favorit ist ein Berliner Weiße Rhubarb Sour Beer. — GULDBERGSGADE 29F, TAPPERIETBRUS.DK

4 LIDKOEB

Das gilt in meinem Fall für die LIDKOEB Bar, gelegen in einem Hinterhof. Sie ist zweistöckig, unten gibt es Cocktails, der oberste Stock ist eine Whiskybar. Jedes Mal, wenn ich dort bin, ist es der Beginn einer langen Nacht. — VESTERBROGADE 72B, LIDKOEB.DK

5 GERANIUM

Eines Tages würde ich gerne das GERANIUM von Küchenchef Rasmus Kofoed besuchen, der als einziger jemals Bronze, Silber und Gold beim renommierten Bocuse d'Or gewonnen hat. Für mich hat jedes Gericht ein einzigartiges Design, und das visuelle Erscheinungsbild ist mir genauso wichtig wie der Geschmack. — PER HENRIK LINGS ALLÉ 4, GERANIUM.DK

SIMON LEGALD

Im Alter von 33 Jahren zählt Simon Legald zu den Jungen der dänischen Produktdesigner. Legald absolvierte 2012 die Royal Danish Academy of Fine Arts und entwirft seither Möbel, Wohn- und Küchen-Accessoires sowie Produkte in Klein- und Serienproduktion.

— SIMONLEGALD.COM

KOPENHAGEN

KOPENHAGEN – DÄNEMARK   45

4

LIDKOEB

1

GILT

5

GERANIUM

2

GASOLINE GRILL

3

BRUS

Fotos: 1 Frederic Smith / 2 Yulia Grigoryeva via Sutterstock / 3 Kasper Ledet / 4 Lidkoeb / 5 Claes Bech Poulsen

1 MORO – HABITAS

Glamping at its best! Copalrauchschwaden wabern durch die abendliche Luft, zwischen tropischer Flora direkt am karibischen Ozean sitzt man in Hängeschaukeln, mit den Füßen im Sand an der Bar. Das Hotel mit dem Restaurant MORO, das vom uruguayischen Koch Frederico Cappi geleitet wird, ist ein neuer Hotspot.
— AV. BOCA PAILA, ZONA HOTELERA, TULUM BEACH, HABITASTULUM.COM

2 ARCA TULUM

Tulum ist längst nicht mehr das einsame Paradies mit ein paar Strandhütten, aber das ARCA TULUM steht ganz oben auf der Liste: Man sitzt unter Palmen, an dunklen Holztischen im Kerzenlicht und schaut in die offene Küche, wo Jose Luis Hinostroza, der mit René Redzepi im Noma arbeitete, die Geschmacksnerven zum Tanzen bringt.
— CARRETERA TULUM, AV. BOCA PAILA KM 7,6, TULUM BEACH, ARCATULUM.COM

3 KIN TOH

Ein Ort für ein besonderes Sonnenuntergangserlebnis sind die surreal wirkenden Baumnester des Restaurants KIN TOH. Zwölf Meter über dem Dschungel auf Stelzen gebaut, ist es Teil des Eco-Resorts AZULIK. Zu dem von Eduardo Neira (Roth) entworfenen Hotel gehört auch die Kunstgalerie IK Lab.
— AZULIK.COM/GASTRONOMY/KIN-TOH

4 LA VALISE

Aufwachen unter Palapadächern mit Blick auf das Meer. Zwischen Dschungel und weißem Sandstrand gelegen, sind alle Suiten aus natürlichen Materialien erbaut. Das Frühstück wird mit Blick auf das türkisfarbene Wasser serviert. Das Budget sagt: *Once in a lifetime!*
— CARRETERA TULUM, AV. BOCA PAILA KM 7,5, TULUM BEACH, LAVALISE.COM

5 CASA JAGUAR – TODOS+SANTOS

Dunkel und geheimnisvoll unter dem Blätterdach des Dschungels an der Strandstraße Boca Paila gelegen. Eine Ikone des Nachtlebens, Einheimische wie Reisende schwärmen gleichermaßen – nur von mir noch nicht getestet!
— CARRETERA TULUM, AV. BOCA PAILA KM 8,7, TULUM BEACH, CASAJAGUARTULUM.COM

JUDITH SCHÜLLER

Judith Schüller hat ein Faible für Mid-Century-Möbel, Kaninchen und immer ein klein wenig Fernweh. Die Kreativchefin von Deutschlands bekanntestem Wohnmagazin ist oft auf Reisen und kennt die interessantesten Orte. In ihrer Hamburger Altbauwohnung versammeln sich die zahlreichen Souvenirs.

— @BUNNY_VONGOLE

TULUM

TULUM – MEXIKO

47

MORO – HABITAS

1

KIN TOH

3

LA VALISE

2

ARCA TULUM

5

CASA JAGUAR – TODOS+SANTOS

4

Fotos: 1 Adrian Gaut / 2 Arca Tulum / 3 Kin Toh / 4 La Valise / 5 Casa Jaguar

FONTÄNEN ÜBER SCHWEPPESHIRE

Kaum eine Marke verkörpert den gesellschaftlichen Wandel in Genuss, Konsum und Zeitgeist im Laufe der Jahrhunderte wie Schweppes. Auf Zeitreise mit dem ewig jungen alten Riesen.

AUTOR Stefan Adrian

Wenige Monate nach seinem Antritt als deutscher Markenbotschafter von SCHWEPPES postet Steffen Zimmermann ein Bild auf seinem Instagram-Account. Es ist ein Foto von einer Ausstellung aus dem Hamburger Bahnhof, einem Museum für Gegenwartskunst in Berlin. »You live the surprise results of old plans« steht da zu lesen – »Du lebst die überraschenden Ergebnisse alter Pläne«.

Was liegt näher, als das auf seine Tätigkeit für Schweppes zu münzen, dem Urgestein der Soda-Industrie? Darauf angesprochen, lacht Steffen Zimmermann sein raumgreifendes, warmes Lachen. »Das war nicht unbedingt so gemeint, aber es würde passen«, meint der ehemalige Bartender. »Wobei: Historisch gesehen kann man eigentlich auch nicht von einem überraschenden Ergebnis sprechen. Jacob Schweppe hat genau darüber nachgedacht, was er macht.« Das kann man so sagen. Im Grunde hat Jacob Schweppe das gegründet, was wir heute als Soda-Industrie kennen.

Um uns das in Erinnerung zu rufen, betreten wir für kurze Zeit eine Zeitkapsel und schießen uns in das Jahr 1751. Dort wird im deutschen Witzenhausen der elfjährige Jacob Schweppe in die Obhut eines reisenden Kesselflickers gegeben. Im Laufe der nächsten Jahre schafft es der handwerklich talentierte Mr. Schweppe bis nach Genf und bringt es in weiterer Folge als Juwelier zu Wohlstand – und das, obwohl ihn nicht selten private Rückschläge treffen: Acht seiner neun Kinder sterben früh oder im Kindbett.

1851 läutete Schweppes anlässlich der 1. Weltausstellung in London eine Ära ein. Erstmals sicherte sich eine Marke Exklusivrechte für Erfrischungen. Die Fontäne fand Einzug in das Logo.

Jacob Schweppe, geboren im deutschen Witzenhausen, zog als elfjähriger Kesselflicker in die Welt hinaus – und als Schweppes-Gründer in die Geschichtsbücher ein.

Die eiförmige, liegende Schweppes-Flasche war bald als »egg bottle« bekannt.

Die wahre Passion des Juweliers jedoch gilt der Karbonisierung von Wasser, einem typischen Forschungsobjekt jener Zeit. Mineralhaltiges Wasser aus natürlichen Quellen wird verstärkt in der Medizin eingesetzt, Kurorte entstehen, H2O wird vom Bakterienherd zum Genuss- wie Gesundheitsmittel. In dieser Zeit beginnt ein Wettrennen darum, es zu karbonisieren und haltbarer zu machen. Und es in kleinen Flaschen weiterzugeben. Schweppe experimentiert an einem Apparat, der Karbonisierung in großem Maße erlaubt – das Geneva-System war geboren. Seine Experimente verschenkt er dabei an Arme, die sich den entstehenden Luxus nicht leisten können.

PORTRÄT

Schweppes-Werbungen sind nicht nur zeitlos, sondern eine Reise durch die Kunstgeschichte. Hier Motive aus den 1920er- bis 1950er-Jahren. Das Aufmacherbild auf der Vorderseite vom britischen Maler Maynard Brown entstand um das Jahr 1900. Auch das fiktive Schweppesshire war eine Marketing-Strategie der 1950er-Jahre.

MODERNER GESCHMACK IM HISTORISCHEN KOSTÜM

Die Schweppes Premium Range wurde in Zusammenarbeit mit dem spanischen Mixologen Javier de las Muelas in den Geschmacksrichtungen *Tonic & a touch of lime*, *Tonic Matcha*, *Tonic Pink Pepper*, *Tonic Hibiscus* und *Barrel Ginger Ale* entwickelt. Optisch übersetzen die Flaschen die historische ovale *egg bottle* gekonnt in die Gegenwart. Die Premium Mixer ergänzen die klassische Range um eine exklusive Serie für die Bar.

*»Es ist schön, für eine Firma zu
arbeiten, bei der man sagen kann:
Na ja, die haben es erfunden!«*

Irgendwann um das Jahr 1783 herum verlagert sich der experimentelle Status ins Geschäftliche – es ist das Jahr, das heute als offizielles Gründungsjahr von Schweppes gilt. Jacob Schweppe hat zwar nicht die Karbonisierung erfunden, er war aber der Erste, der sie in hoher Quantität bei hoher Qualität umsetzen konnte. Sein Kniff dabei: Die eiförmige Schweppes-Flasche musste liegend gelagert werden, damit der Kork jederzeit nass blieb und so die Kohlensäure bewahrt wurde – das brachte ihr den Spitznamen *egg bottle* ein.

Ein englisches Produkt wird Schweppes im Jahr 1792, als der bereits 50-jährige Gründer mithilfe seiner einzigen überlebenden Tochter Colette das Unternehmen in London ausbaut, nicht zuletzt durch Fürsprache von sozialen Schwergewichten wie Erasmus Darwin, dem Großvater von Charles. In den 1870ern findet dann Chinin den Weg in die Limonaden – das Tonic Water ist geboren.

In der Selbstverständlichkeit, mit der Generationen mit den gelben Flaschen in Supermärkten, Bars und Clubs aufgewachsen sind, ist dieses Wissen ein wenig untergegangen: Schweppes ist nicht bloß Hersteller von Tonic Water – sondern dessen Erfinder. Jacob Schweppe hat kohlensäurehaltiges Wasser einer breiten Öffentlichkeit zugängig gemacht. Beides Tatsachen, die wir mit in die Zeitkapsel nehmen und wieder in die Gegenwart brausen.

»Im Augenblick machen viele Bars eigene Sirups für Tonic Water«, sagt Steffen Zimmermann. »Was die wenigsten jedoch können, ist, das mit Kohlensäure zu toppen. Ich habe Ende der Neunziger in der Bar begonnen und bin ein Schweppes-Kind. Es ist schön, für eine Firma zu arbeiten, bei der ich sagen kann: Na ja, die haben es erfunden!«

Geschichte schwingt eben immer mit bei einer Marke, deren Archive Kellerkatakomben füllen. Steffen Zimmermann ist jedoch nicht angetreten, um Moderator auf dem History Channel zu spielen. Er ist da, um Schweppes im Hier und Jetzt zu verorten. Nicht zuletzt mit den in Spanien entwickelten Premium Mixern hat er in der Hand, was knapp 250 Jahre Knowhow und zeitgenössische Barkultur vereint.

ORANGE DRIP

5 cl Premium Mixer Tonic
    & a touch of lime
3 cl Sipsmith Gin
3 cl Jägermeister
2 cl Limettensaft
1/2 cl Zuckersirup
2 BL Orangenmarmelade
1 cl Frischer Orangensaft

Glas – Tumbler auf Eis
Garnitur – keine
Zubereitung – Alle Zutaten außer dem Tonic Water in einen Shaker geben, Marmelade kurz verrühren. Eiswürfel hinzugeben und fünfzehn Sekunden lang kräftig shaken, in den Tumbler auf Eis abseihen und mit dem Mixer Tonic & a touch of lime toppen.

NEUES TRINKEN

AUTOR Martin Stein
ILLUSTRATIONEN Nina Tiefenbach

Marian Beke, Anne Linden, Ivy Mix, Niccolò Avanzi, Kostas Ignatiadis, Chloé Merz, Margot Lecarpentier und Jim Meehan haben einen Cocktail für uns.

BRICK LANE JULAB

von Marian Beke
The Gibson, London

Marian Beke, Meister des Londoner THE GIBSON, lässt sich von der Schlichtheit seiner namensgebenden Martini-Variante nicht einschränken und zeigt sich wieder als Meister der Opulenz. Der gebürtige Slowake greift in das Füllhorn dessen, was London zu bieten hat – und das ist so ziemlich alles. Die beliebte Londoner Brick Lane dient als Pate des Drinks, und er kommt im eigens angefertigten Trinkziegel. »Die Straße ist auch ein weithin bekannter Hotspot für die Kultur Bangladeschs und Indiens, samt einem großartigen Straßenmarkt«, so Beke. Dementsprechend bekommen Frucht und Süße von Cognac und Whisky Unterstützung durch Mukhwas, Coulis, Cordial und Zitrone, erhalten aber durch die Gewürze einen herzhaften Kontrapunkt.

4 cl	Rémy Martin 1738 mit indischen Mukhwas
2 cl	Glenfiddich Fire & Cane
2 cl	Cordial aus Bhukhara, Shikakai, Amla, indischer Stachelbeere, Pflaume und Acai Saft einer halben Zitrone
3 cl	süßer Coulis von der Kidney-Mango
1	Prise gemahlener Chili Cattier Brut Champagner

Glas – Brick Lane Ziegel bzw. Longdrink
Garnitur – Mangoscheiben in Roter-Bete-Lake mazeriert, kandierter Fenchel und essbare Blumen.
Zubereitung – Alle Zutaten ins Glas geben und vorsichtig swizzlen, den Champagner zum Schluss.

MESSING

von Anne Linden
Ory, München

Anne Lindens Werdegang vom FRAGRANCES in Berlin über die BAR AM STEINPLATZ bis ins Münchener ORY scheint sie fast zwangsläufig zu diesem Drink geführt zu haben: Ein Cocktail soll mehr sein als die Summe seiner Zutaten. Der MESSING ist Getränk und Assoziation in einem und schafft es, eine flüssige Sprache für das Bild zu finden, das im Kopf beim Gedanken an das Metall entsteht. »Die Haptik der umdrahteten Flasche gehört zum ganzheitlichen Konzept, der Gast gießt sich ein und erhält einen Rahmen, innerhalb dessen er seinen Empfindungen freien Lauf lassen kann«, beschreibt Anne Linden. Der Drink lädt zur Kommunikation ein, zum Austausch zwischen Gast und Gastgeber; die Mauer, die ein Tresen ja auch immer darstellt, bröckelt.

4 cl	Lillet Blanc
1,5 cl	Freimeisterkollektiv Wermut Extra Trocken
2,5 cl	Pineau des Charentes
1 cl	Verjus
0,5 cl	Lustau Jarana Fino Sherry
2	Dashes Salzlösung

Glas – Coupette
Garnitur – keine
Zubereitung – Alle Zutaten in einem gefrosteten Rührglas auf Eiswürfeln kalt rühren und in die Flasche bzw. das Glas abseihen.

TIA MIA

von Ivy Mix
Leyenda, New York

Ivy Mix aus dem Brooklyner LEYENDA hat im Wortsinn den Agavebrand in die Herzen der Menschen geschmuggelt; mittlerweile muss sie das aber nicht mehr heimlich im Rucksack aus Mexiko tun, sondern kann ihre herausragende Position im Barkosmos nutzen. Larifari ist das Ding der Dame nicht, die weltweit zu den einflussreichsten Menschen des Metiers gezählt wird: Was sie macht, ob am oder jenseits des Bretts, hat Statement-Qualität. Und natürlich ist Mezcal so etwas wie der ungehobelte, unrasierte Verwandte der feinen Spirituosenfamilie, »der hier in eine feine kleine Tiki-Gesellschaft eingegliedert wird«, wie Ivy Mix definiert. Damit kann man sich aber auch wirklich überall sehen lassen.

3 cl   Mezcal Vida
3 cl   Appleton Jamaica Rum
2 cl   Limettensaft
1,5 cl Orgeat von gerösteten Mandeln
0,75 cl Orange Curaçao

Glas – großer Tumbler
Garnitur – Limettenscheibe, Minzzweig und essbare Orchidee
Zubereitung – Alle Zutaten auf Eiswürfeln fünfzehn Sekunden lang kräftig shaken. Doppelt durch ein Sieb ins Glas auf Crushed Ice abseihen.

IL VIGOROSO

von Niccolò Avanzi
Fondazione Prada, Mailand

Niccolò Avanzis Schöpfung ist eine Reminiszenz an Italien, draufgesattelt auf einen englischen Klassiker. »Der Kräftige« ist eine Hommage an ein intellektuell und wirtschaftlich blühendes Italien, »an das *dolce vita* der 1950er- und 1960er-Jahre, die Wiege des Biancosarti«, so Niccolò Avanzi. Der Mailänder Barchef des TORRE IM FONDAZIONE PRADA vereint die erfrischenden, belebenden Kräfte dreier Länder zu einem zartbitteren Festival, während der Parmesan und die getrocknete Tomate den Weg aus den zu starren Trinkkonventionen weisen. Eine so prickelnde wie charakterstarke Umsetzung des Gefühls, mit der Vespa am Brunnen vor dem Dom anzuhalten, um ein wenig den Abend zu genießen.

2,25 cl Biancosarti Aperitivo
4,5 cl Pimm's N°1
       Franciacorta Dry Sparkling Wine
       (trockener Schaumwein)
0,5 cl Peychaud's Bitters

Glas – Longdrink
Garnitur – getrocknete Tomate und Parmesan
Zubereitung – Biancosarti und Pimm's im Glas auf Eiswürfeln verrühren, mit dem Schaumwein auffüllen und den Bitters floaten.

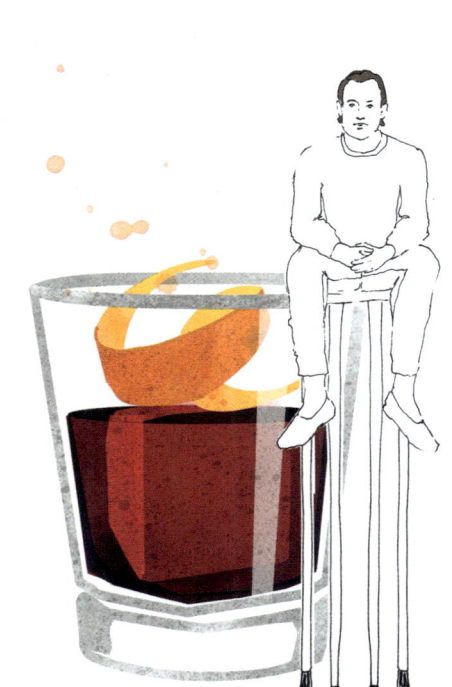

OLD CHAP

von Kostas Ignatiadis
Schumann's, München

Kostas Ignatiadis ist Purist und Verfechter der klassischen, klaren, schnörkellosen Linien, und wie der Steinmetz einer Dombauhütte benötigt der SCHUMANN'S-Bartender nur das althergebrachte Werkzeug, um seine Skulpturen aus dem flüssigen Fels zu schlagen. »Der zusammen mit Xavier Leveque entwickelte Drink spielt mit der Spannung aus Altem und Neuem, mit geschmacklichen Erinnerungen und Überraschungen sowie mit dem Gefühl der Vertrautheit«, erklärt Kostas Ignatiadis. Dieses überkommt den Genießenden, auch wenn er den Drink zum ersten Mal bestellt hat. Der Name sagt es: Man setzt das Glas an und begrüßt ihn wie einen guten alten Freund.

4 cl   Michter's Bourbon
2 cl   Graham's Six Grapes Port
1,5 cl Campari
1 cl   Suze
1 BL   Ahornsirup Grade A

Glas – Tumbler
Garnitur – keine
Zubereitung – Alle Zutaten in einem gefrosteten Rührglas auf Eiswürfeln kalt rühren und in die Flasche bzw. das Glas abseihen.

MEXICAN GOAT

von Chloé Merz
Angels' Share, Basel

Chloé Merz aus dem ANGELS' SHARE in Basel arbeitet seit etwa einem Jahr verstärkt mit Tequila, sicherlich beflügelt durch ihren Sieg bei den Patrón Perfectionists 2018. Wie auch bei ihrem Siegerdrink der Made in GSA 2017 Competition hat sie Spaß dabei, an sich sperrige Aromen zu einem harmonischen Ganzen zu vermählen. »Der Zielgedanke war eine Art Tommy's Margarita mit zusätzlicher Ausbaustufe, in diesem Fall befeuert durch Ziegenmilch«, erklärt Chloé Merz. Ebenfalls nicht zum ersten Mal bei ihr rundet Bergamotte das Profil ab, am Ende steht ein enorm erfrischender, sommerlicher und dennoch komplexer Drink, der über sein Gefahrenpotenzial hinwegtäuscht.

5 cl Tequila Blanco (Patrón)
0,5 cl Faude feine Brände Bergamotte
1,5 cl Limettensaft
1,5 cl Agavendicksaft
3 cl Ziegenmilch

Glas – Nick & Nora oder Coupette
Garnitur – essbare Blume
Zubereitung – Alle Zutaten auf Eiswürfeln fünfzehn Sekunden lang kräftig shaken. Doppelt durch ein Sieb ins Glas abseihen.

WATER MARY

von Margot Lecarpentier
Combat, Paris

Margot Lecarpentier ist kein großer Fan der Bloody Mary. »Der Drink fühlt sich für mich an, als ob man isst und trinkt gleichzeitig.« Die Antwort der COMBAT-Chefin aus Paris: eine leichte, sommerliche und fruchtigere Version. Alle klassischen Aromen einer Bloody Mary bleiben in ihrer WATER MARY enthalten: Der Drink ist würzig, pikant und hat immer noch Tomate als Aroma im Fokus. Die gedörrte Wassermelone als Garnitur ist aromatisch wie beispielsweise Speck, aber leichter. »Die Water Mary hat eine hellrote, beinahe pinke Farbe«, so Margot Lecarpentier, die 2019 in Frankreich zum »Most Influential Bartender« gewählt wurde. »Und aufgepasst, sie macht süchtig.«

4 cl   Grey Goose Vodka
4 cl   Tomatensaft
4 cl   Wassermelonensaft
2 cl   Carpano Antica Formula
1 cl   Zitronensaft
2   Dashes Tabasco
0,5 cl Senfessig

Glas – Longdrink
Garnitur – gedörrte Wassermelone und Gewürzsalz
Zubereitung – Alle Zutaten in einen Shaker geben, Eiswürfel hinzufügen und den Inhalt zehnmal zwischen den beiden Shakerteilen hin- und herrollen. Danach auf frische Eiswürfel abseihen.

WHITE RUMONI

von Jim Meehan
Please don't tell, New York, Portland

Jim Meehan ist einer der Menschen, die in mühevoller Pionierarbeit die verfallenen Klettersteige der Cocktail-Bergwelt wieder instand gesetzt haben. Dabei ist der legendäre Gründer des New Yorker Speakeasy PLEASE DON'T TELL (PDT) nicht nur ein steter Quell der Innovation, der mittlerweile Spirituosen selbst entwickelt, sondern auch immer einer, dem man anmerkt, dass er die Grundzüge seines Handwerks noch in einer Bar gelernt hat, zu deren Bibliothek eine Originalausgabe von Jerry Thomas gehörte. Da werden die Akzente scheinbar mühelos gesetzt und mit wenigen Pinselstrichen ein neuer Klassiker hingezaubert.

4,5 cl Banks 5 Island Rum
3 cl Martini Riserva Speciale Ambrato Vermouth
3 cl Italicus Rosolio di Bergamotto

Glas – Tumbler
Garnitur – Orangenzeste
Zubereitung – Alle Zutaten im Rührglas auf Eiswürfeln kalt rühren und in den Tumbler auf Eis abseihen.

LEBE LILLET UNGE- WÖHNLICH

AUTOR Moritz Wenger

SUE AMIRPOUR UND DIE LDAF

Sue Amirpour ist seit Anfang 2019 Brand Ambassadorin von Lillet mit Fokus auf die *LdaF – die Liga der außergewöhnlichen Frauen*. Diese fördert Barfrauen und betreibt Netzwerkarbeit.
— lillet.com

6 FRAGEN AN

Wie sie ihr Weg zu Lillet geführt hat und auf welche Weise sich der französische Weinaperitif für Female Empowerment einsetzt, erklärt Sue Amirpour, Markenbotschafterin von Lillet.

Sue, was bedeutet Lillet für dich?

Ein Lebensgefühl. Ich verbinde damit Leichtigkeit und klassische Eleganz. Savoir-vivre eben! Lillet wird von der Ernte der Weintrauben bis zur Abfüllung nach wie vor in Podensac handwerklich produziert. Das ist so, seit die Brüder Raymond und Paul Lillet Lillet 1872 gegründet haben. Bordeaux war einer der wichtigsten Häfen, und natürlich landeten hier auch alle möglichen Südfrüchte, die dann als Likör mit den Weinen von Lillet vermischt wurden.

Welche drei Drinks würdest du dir blind mixen?

Weniger ist mehr. Mein Favorit als Aperitif ist daher schlichtweg ein Lillet Rosé auf Eis. Der Lillet Rouge entfaltet im Blood and Sand sein Aroma. Und natürlich den ungeschlagenen Klassiker: einen Vesper Martini mit Lillet Blanc.

Lillet und Essen: zum saftigen Burger oder zum frischen Salat?

Zu jedem Gericht, aber müsste ich wählen: zu Meeresfrüchten. In Podensac gibt es die frischesten Austern und Meeresfrüchte an jeder Ecke. Inklusive Atlantikbrise.

Wie entstand deine Verbindung zu Lillet?

Als ich zu einem Event der *Liga der außergewöhnlichen Frauen* eingeladen war, habe ich rasch bemerkt, dass sich jemand für mich und meine Persönlichkeit interessiert und dass ich meine Ideen einbringen kann. Das ist nach wie vor das Schönste: der persönliche Kontakt und dass man sich wahrgenommen fühlt.

Was ist die Liga der außergewöhnlichen Frauen?

Ein Netzwerk für Female Empowerment. Für Menschen in der Barwelt sind Frauen hinter dem Tresen selbstverständlich. Aber in der Alltagsrealität sehen sich viele Frauen noch mit dem Vorurteil konfrontiert, dass sie nicht in einer führenden Position arbeiten könnten. Das wollen wir mit der Liga ändern. Female Empowerment ist ja gerade überall Thema, bei Lillet hat es schon lange Tradition, denn bereits in den 1950er-Jahren standen starke Persönlichkeiten für die Marke.

Was macht die LdaF genau?

Wir sind etwa 35 Bartenderinnen aus ganz Deutschland. Darunter finden sich Talente, die erst seit zwei Monaten am Brett stehen, und Barfrauen, die den Job seit zwei Jahrzehnten ausüben. Wir fördern mit unseren Workshops Austausch, Entwicklung und ein Miteinander. Und wir möchten die individuellen Persönlichkeiten der Frauen fördern. Bartenderin zu sein, ist ein Job, bei dem Freunde rar werden. Man arbeitet nachts und an Wochenenden, dann, wenn alle anderen frei haben. Es ist wichtig, sich gegenseitig zu unterstützen. Nicht nur, weil wir in einer noch sehr von Männern dominierten Branche arbeiten, sondern auch schlicht, um kreativ zu sein.

◆

Location: Danke an die Amo Bar Berlin

SAMMELN GEHEN

AUTOREN Juliane E. Reichert & Stefan Adrian
FOTOGRAFIE Sarah Swantje Fischer

Bar des Jahres, Bartender des Jahres – wie kaum ein Zweiter revolutioniert Ruben Neideck mit **Foraging** die Bar. Wie weit kann die Verarbeitung wild wachsender Früchte und Kräuter in der Bar gehen? Unterwegs mit einem Vordenker.

Die Essenz kommt – wie sie es meistens tut – beiläufig und durch die Hintertür. Wir sitzen am späten Nachmittag vor dem VELVET, der Bar in Berlin-Neukölln, die Ruben Neideck innerhalb von zwei Jahren in den Bar-Olymp katapultiert hat. Neben uns liegen zwei pralle Säcke Robinienblüten, die wir auf dem Tempelhofer Feld geerntet haben. Wir sind ein wenig verschwitzt, die Hände sind klebrig. Es war ein guter Tag.

»Es wird einem bewusst, von wie viel Giftigem man eigentlich umgeben ist«, grüble ich in den anbrechenden Sonnenuntergang.

»Oder von wie viel Essbarem«, entgegnet Ruben Neideck, ohne auch nur eine Sekunde zu zögern. »Denn alles, was nicht giftig ist, ist prinzipiell essbar. Die Frage ist dann nur noch, ob es auch gut schmeckt und vom Mund verarbeitbar ist.«

Und wenn jemand weiß, wie diese uns umgebende Natur – seien es Kiefernzapfen, Pfeilkresse, Engelwurz oder Japanknöterich – schmeckt, dann Ruben Neideck. Den geborenen Koblenzer und aktuellen Bartender des Jahres kann man getrost als die deutsche Speerspitze des *Foraging* in der Bar bezeichnen. Seine Keimzelle ist das Labor der Bar, vor der wir sitzen.

»Das war nicht generalstabsmäßig geplant und ist es immer noch nicht«, meint Ruben Neideck in seiner gelassenen Art. »Damien Guichard, der damals noch hier war, Filip Kaszubski und ich wollten eines Tages das Konzept einer wöchentlich wechselnden Karte. Wenn man saisonal arbeitet, stehen einem im Grunde das bewährte Gemüse und Obst sowie gängige Kräuter zur Verfügung. Damit ist die Aromenpalette schnell erschöpft. Wenn du jedoch gleichzeitig Druck und Einschränkung hast, suchst du neue Wege.«

Diese neuen Wege fräsen sich seither unaufhaltsam in das Bewusstsein der deutschen Barlandschaft. Im Kern ist die Philosophie von Foraging, frei wachsende Kräuter und Pflanzen ess- und trinkbar zu machen. In die Küche haben es die Erneuerer der skandinavischen Kulinarik getragen, im Cocktail-Bereich gilt der Brite Matt Whiley mit seiner Bar SCOUT als Initiator. Mit Geräten wie Rotovap, Zentrifugen und Sous-vide werden die Zutaten zu redestillierten Spirituosen, Cordials und Sirups verarbeitet. Es wird fermentiert und eingelegt, was das Zeug hält. Die Bewegung selbst mag sich dabei in der Natur abspielen, der Austausch darüber funktioniert digital. Wissen wird per Instagram oder in Open-Source-Apps geteilt. Es geht darum, die Welt mit anderen Augen zu sehen – und sehen zu helfen. Wenn Ruben Neideck heute Urlaub in Spanien macht, macht er zwar ein Bild von der schönen mediterranen Kirche – aber eigentlich interessiert ihn das Unkraut, das daneben wächst. Dann wird das Handy an die Pflanze gehalten und diese mit einer Datenbank abgeglichen. Ist es ein Match und essbar? Dann ist das erste Tapa gefunden.

»Das war nicht generalstabsmäßig geplant und ist es immer noch nicht. Wenn du jedoch gleichzeitig Druck und Einschränkung hast, suchst du neue Wege.«

Wenn man den 31-Jährigen beim »Sammelngehen«, wie er es nennt, begleitet, fragt man sich daher auch rasch, ob Foraging ein kleiner Teil der Barszene bleiben wird oder tatsächlich eine breite Bewegung werden kann. Letzteres vermutlich weniger: Es lebt stark vom Herzblut der Menschen, für die eine Zeit-Kosten-Rechnung zweitrangig ist. Ruben Neideck bekräftigt das auf seine Art: »Ich sehe sammeln gehen als erweiterte Freizeitbeschäftigung und sage mir nie: ›Los, jetzt noch schnell ins Grüne, in drei Stunden musst du in der Bar stehen.‹ Zeit in der Natur zu verbringen, ist auch ein schöner Ausgleich, wenn man als Bartender viel in der Nacht arbeitet«, sagt er. »Außerdem eine nette Gelegenheit für eine gemeinsame Unternehmung.«

Er grinst, und das bringt seine Person ganz gut auf den Punkt: Er ist ein aufmerksamer Zuhörer, der stets reflektiert und mit einem Hauch Selbstironie spricht, fokussiert in seiner Arbeit, aber alles andere als getrieben. Was er nicht ist: ein Prediger mit Star-Allüren. Auf dem Tempelhofer Feld haben ihn soeben drei 14-jährige Jungen angesprochen, was er hier denn mache. Ruben Neideck stand da mit Magnolienblättern in seinem Mund. Er hat es ihnen so selbstverständlich erklärt, als wären die drei seine Neffen. Einer aus dem Trio hat auch eins der Blätter gegessen, die nach Ingwer und Kardamom schmecken. Rubens Zusatz: »Esst nichts, was ihr nicht kennt.« Das sollte man beherzigen.

»Wir sagen unseren Gästen: ›Schaut mal, es muss nicht immer die Ananas sein. Überall um euch herum wachsen Pflanzen, die schmecken extrem gut, ihr kennt sie nur nicht.‹«

VELVET BERLIN

Ganghoferstraße 1
D-12043 Berlin
— velvet-bar-berlin.de

Den Fokus auf die Verwertung und Haltbarmachung von Kirschblüten zu legen, die in einem Park wachsen, oder von Waldmeister, der am Wegesrand steht, ist natürlich mehr als ein bloßes Geschmacksexperiment. Dahinter steckt auch die Philosophie eines bewussteren Konsums. Er fliegt nicht fünfmal im Jahr um den Globus, um Vorträge vor Menschen zu halten, die ebenfalls fünfmal im Jahr um den Globus fliegen. Auch hier wirkt er lokal und hat in diesem Jahr erstmals einen Workshop für Jungbartender abgehalten. Ansonsten setzt er sich lieber auf sein Fahrrad oder in die S-Bahn – »immer montags und nur wenn ich Lust habe« – und fährt los.

Die medialen Anfragen, ihn auf einen seiner Ausflüge zu begleiten, häufen sich. Vieles dreht sich dabei um den Nachhaltigkeitsaspekt seiner Arbeit. Ruben Neideck betrachtet das differenziert: »Ich finde es schwierig, einen Nachhaltigkeitsgedanken auf eine kleine Wirtschaftseinheit wie eine Bar zu übertragen. Eine Bar verbraucht alleine schon Unmengen an Strom. Wenn ich die Zentrifuge anmache, haut es regelmäßig die Sicherung durch.« Er nimmt einen Schluck, grüßt einen Passanten und schlägt die Beine auf elegante Art übereinander. »Aber es geht um die Strahlwirkung, ich verstehe das, was ich mache, schon als Bildungsauftrag. Das LE LION hat damals angefangen, den Leuten elegante Atmosphäre und klassische Drinks näherzubringen. Wir sagen unseren Gästen: ›Schaut mal, es muss nicht immer die Ananas sein. Überall um euch herum wachsen Pflanzen, die schmecken extrem gut, ihr kennt sie nur nicht. Eure Großmutter kannte sie vielleicht noch, vielleicht hat sie sie sogar in der Speisekammer eingelegt.‹«

DIENSTAG IST LABORTAG Einmal in der Woche werden im Velvet Zutaten verarbeitet. Das Labor befindet sich angeschlossen an den Gastraum.

DON'T TRY THIS AT HOME

»Es gibt drei Giftpflanzen, die man beim Sammeln kennen muss: den *Schierling* – bekannt durch Sokrates – und die *Hundspetersilie*. Das sind beides Doldenblütler und weißblütig, sprich bei weißblütigen Doldenblütlern ist höchste Vorsicht geboten, denn diese beiden Pflanzen führen in höheren Dosen zu Atemlähmung und Herzstillstand. Die dritte wichtige Giftpflanze ist die *Eibe*, ein dekorativer Nadelbaum, der häufig in Innenstädten vorkommt. Er hat kleine rote Beeren mit schwarzem Punkt. 50 Gramm davon sind möglicherweise bereits tödlich, die gesamte Pflanze ist hochgiftig.«

Weil die Oma eben wusste, was gut oder giftig ist. Und weil alles, was nicht giftig ist, eben prinzipiell essbar ist. Oder trinkbar. Das ist die Essenz, die einen am Schluss im Sonnenuntergang überkommt, wenn man sich mit Ruben Neidecks Arbeit auseinandersetzt: Dass wir vergessen haben, welche Pflanzen uns umgeben, weil wir sie mehr als Verzier- statt Verzehrpflanzung wahrnehmen; dass unsere Vorstellung von dem, was konsumierbar ist und was nicht, von einer industriellen Sattmachindustrie geformt worden ist. Und unser Wissen darüber im Grunde verkümmert ist. Oder in den Kinderschuhen steckt, je nachdem, wie man es betrachtet.

Ruben Neideck ist hier, um das zu ändern. Er hat eigentlich gerade erst damit angefangen. Die Zentrifuge wird im Velvet noch ein paarmal die Sicherung durchknallen lassen.

— **@rubenneideck** — Ruben Neideck teilt seine Erkenntnisse gerne und unterhaltsam

— **@zeniasamlersen** — Zenia Samlersen ist Forage-Pionierin aus Kopenhagen

— **@grunewaldforaging** — Jonathan Hamnett lebt in Berlin, schreibt auf Englisch

— **PlantNet** — kostenlose, in Frankreich entwickelte App zur Bestimmung von Pflanzen

— **vildvuchs.de** — alles zu Wildkräutern und Fermentation

— **foragelondon.co.uk** — Website von Forager und Buchautor John Rensten

Cherry Blossom – die Kirschblüte – ist ein erfrischender Frühlingsdrink. Das selbst gemachte Cordial stammt von der Blüte der japanischen Zierkirsche (Sakura) und verbindet sich perfekt mit den floralen Noten des Sake. Für die knackige Struktur des Drinks sorgen der ebenfalls blumige Roku Gin sowie ein Doppelwacholder des süddeutschen Brenners Gerhard Liebl für das Freimeisterkollektiv. Für ein dezentes, würziges Gegensteuern sorgen Dashes von maritimem Scotch.

KIRSCHBLÜTE
von Sarah Swantje Fischer

3,5 cl Roku Gin
1,5 cl Sake Gekkeikan Nouvelle Honjozo
1 cl Doppelwacholder Freimeisterkollektiv
3 cl Kirschblütencordial*
0,5 cl Sloe Gin Plymouth
0,5 cl Verjus
2 Dashes Rock Oyster Cask Strength Scotch

Glas — Tumbler
Garnitur — Kirschblüte
Zubereitung — Alle Zutaten in ein Rührglas geben, ausreichend Eiswürfel hinzugeben, 20 Sekunden lang rühren. In einen Tumbler auf Eis abseihen und mit einer Kirschblüte garnieren.

*KIRSCHBLÜTENCORDIAL

400 ml Wasser
200 g Zucker
3 g Vitamin C
6 g Zitronensäure
100 g Kirschblüten

Zubereitung — Alles bis auf die Blüten miteinander erhitzen. Heiße Mischung (max. 60 °C) auf Kirschblüten gießen und versiegelt für 24 Stunden ziehen lassen. Filtrieren und abfüllen; gekühlt ca. 1 Monat haltbar.

ERDBEERE & WALDMEISTER sind eine gerne wiederkehrende Geschmackskombination im Velvet. Um Waldmeister und seinen Inhaltsstoff Cumarin ranken sich viele Mythen. Ruben Neideck hat eigens einen Cumarin-Rechner entworfen, der die Höchstmenge des Likörs pro Drink, ausgehend von max. drei Drinks pro Abend, einem Körpergewicht von 60 kg und kompletter Extraktion allen Cumarins aus dem Waldmeister ausrechnet. Aufgegossen wird der Cocktail mit der leichten Berliner Weißen von Berliner Berg.

ERDBEERE & WALDMEISTER
von Ruben Neideck

2 cl Brancy Colosia
2 cl Roku Gin
1,5 cl Jameson mit Waldmeister versetzt*
2,5 cl Erdbeershrub**
1 cl Zitronensaft
4 cl Berliner Weiße Berliner Berg

Glas — Longdrinkglas
Garnitur — Erdbeercrusta
Zubereitung — Alle Zutaten bis auf die Berliner Weiße in einen Shaker geben, ausreichend Eiswürfel hinzugeben, 15 Sekunden lang kräftig shaken. Mit Berliner Weiße in ein Longdrinkglas mit Erdbeercrusta abseihen.

*JAMESON MIT WALDMEISTER VERSETZT

700 ml Jameson
33 g frischer Waldmeister bzw.
5 g getrockneter Waldmeister
Zubereitung — Frischen Waldmeister für 24 Stunden abhängen zum Trocknen. Waldmeister für 45 Minuten bei 60 °C Sous-vide in Jameson extrahieren. Filtrieren und abfüllen.

**ERDBEERSHRUB

500 ml Frisch gepresster Erdbeersaft
250 g Zucker
100 ml Apfelessig, 6 % Säure
Zubereitung — Erdbeersaft mit Zucker für 15 Minuten auf 60 °C erhitzen zur Pasteurisierung. Apfelessig einrühren. In desinfizierte Flaschen abfüllen, sodass möglichst wenig Luft im Gefäß bleibt. Verschlossen ungekühlt ca. 8 Monate haltbar.

Der Rosenseitling ist aufgrund seiner an Rosenblätter erinnernden Form nicht nur optisch ein beeindruckender Pilz, sondern auch aromatisch. Pilze werden im Velvet typischerweise getrocknet und danach in Alkohol eingelegt, um ihnen ihren umamilastigen Geschmack zu entziehen. Dieser vom Demeter-zertifizierten Pilzgarten Helvesiek in Niedersachsen stammende Rosenseitling hat ein nahezu speckiges Aroma, das sich im Herbst perfekt mit den holzig-fruchtigen Aromen des Brandys vermählt.

ROSENSEITLING
von Veniamir Porkhov

5 cl Lustau Solera Reserva Brandy
2 cl Rosenseitlingschnaps*
0,8 cl Pommeau
1 BL Valdes Pino Sherry P.X.
1 Dash Basler Langstiehl

Glas — Tumbler
Garnitur — getrockneter Rosenseitling
Zubereitung — Alle Zutaten in ein Rührglas geben, ausreichend Eiswürfel hinzugeben, 20 Sekunden lang rühren. In einen Tumbler auf Eis abseihen.

*ROSENSEITLINGSCHNAPS

500 g Rosenseitlinge
1 l Korn

Zubereitung — Rosenseitlinge trocknen lassen. Trockene Rosenseitlinge mit dem Korn vermischen und zwei Tage lang ziehen lassen. Pilze entfernen und Flüssigkeit durch ein Seihtuch filtern. In eine Flasche abfüllen.

Die HASELNÜSSE für das selbst gemachte Orgeat stammen von Martls Haselnuss-Shop. Dieser Winter-Drink steht auch für eine Besonderheit, die das Velvet in seinen Drinks gerne einbaut: wunderbare Crustas – in diesem Fall Haselnusscrusta –, die den Cocktails nicht nur optisch gut zu Gesichte stehen, sondern mit denen der Gast den Drink auch aromatisch steuern kann. Ansonsten hält man sich im Velvet mit überbordenden Garnituren grundsätzlich zurück und lässt lieber die Zutaten für sich sprechen.

HASELNUSS
von Filip Kaszubski

3 cl Sake Gekkeikan Nouvelle Honjozo
3 cl Goldener Wermut Noilly Ambre
1 cl Oloroso Sherry Cesar Florido
1 cl Haselnussorgeat*
2 cl Poiré Pierre Huet
1 Dash Salzlösung

Glas — Cocktailschale
Garnitur — Haselnusscrusta
Zubereitung — Alle Zutaten bis auf den Poiré in einen Shaker geben, ausreichend Eiswürfel hinzugeben, 15 Sekunden lang kräftig shaken. Mit Poiré in eine Cocktailschale mit Haselnusscrusta abgießen.

*HASELNUSSORGEAT

200 g Haselnüsse
600 ml Wasser
1 g Sojalecithin
300 g Zucker
50 ml Böckenhoffs Korn

Zubereitung — Haselnüsse, Sojalecithin und Wasser fein pürieren. Mithilfe einer Zentrifuge die Nussmilch abtrennen; alternativ durch ein Seihtuch filtrieren. Zucker unter Hitzezufuhr einrühren. Fertiges Orgeat mit ein wenig Korn haltbar machen. Abfüllen und gekühlt lagern; innerhalb von 2 Monaten verbrauchen.

VOODOO IM VORLAUF

Katrin Stelzer betreibt die erste Destillerie Ruandas. Zu Besuch bei einer resoluten Pionierin, die Brennkunst aus dem Schwarzwald mit sozialem Engagement in Afrika vereint.

AUTOR Matthias Matz
FOTOGRAFIE Jordan Snowzell

»Ich habe mir gedacht: Wenn es mit Kirschen, Birnen und Äpfeln funktioniert, warum nicht auch mit Mango, Maracuja oder Ananas?«

Katrin Stelzer lacht. »Um es gleich vorwegzunehmen: Nein, es ist nicht die Liebe, die mich hierhergebracht hat. Diese Frage bekomme ich häufig als Erstes gestellt.«

Hierher: Damit meint Katrin Stelzer Ruanda, das kleinste Land Afrikas, im Osten des Kontinents gelegen und flächenmäßig nicht größer als Rheinland-Pfalz. Seit fünf Jahren lebt die gebürtige Schwarzwälderin in der Hauptstadt Kigali. Es ist nicht die Liebe, die sie hierhergeführt hat – es ist der Schnaps: Die heute 47-Jährige betreibt die erste Destillerie Ruandas.

Es ist eine abenteuerliche Geschichte, die sie zu erzählen hat. Auch wenn sie – eher profan – mit einer Ausschreibung beginnt.

»Ich habe ein Konzept entwickelt, wie man in unterentwickelten Ländern Arbeitsplätze schaffen kann. Dafür wurde ich vom Bundeswirtschaftsministerium auf eine Delegationsreise eingeladen. Ruanda gefiel mir besonders gut, also habe ich beschlossen, die Idee hier umzusetzen. Aus eigener Tasche, wohlgemerkt, nicht gesponsert von der Bundesrepublik«, erklärt sie weiter. »Der Schwarzwald ist bekannt für edle Fruchtdestillate. Ich habe mir gedacht: Wenn es mit Kirschen, Birnen und Äpfeln funktioniert, warum nicht auch mit Mango, Maracuja oder Ananas?«

Ja, warum eigentlich nicht. Weil ein paar unvorhergesehene Hürden zu überwinden waren, beispielsweise. In Ruanda war Kupfer als Material mehr oder weniger unbekannt, erst recht für Gerätschaften wie Brennblasen. Als diese aus Deutschland am Zoll angeliefert kamen, musste Katrin Stelzer erklären, wie vergorene Fruchtmaische in Alkohol verwandelt wird, der aus dem Auslauf tropft. »Das hat den Verdacht, es mit Hexerei zu tun zu haben, jedoch nicht entschärft. Es hat ihn vielmehr bekräftigt«, erinnert sie sich. Nach zahlreichen Verhandlungen und Vorlage wissenschaftlicher Unterlagen gelang es ihr dann doch, dem Voodoo-Image zu entkommen.

RWANDASCHNAPS Eine typische Frucht, mit der Katrin Stelzer gerne arbeitet, ist die Tamarillo bzw. Baumtomate.

Katrin Stelzers Navigationsprinzip: am umgeknickten Baum links, nach dem dritten großen Stein geradeaus, bis das gelbe Haus kommt, dann rechts.

»Sowie mit erheblicher Unterstützung der deutschen Botschaft. Rückblickend kann ich darüber lachen, aber es war nervenaufreibend. Obwohl Kigali eine Stadt mit 1,2 Millionen Einwohnern ist, hat sich mein Vorhaben wie ein Lauffeuer rumgesprochen. Ständig kamen Minister mit ihrem Gefolge, und wenn sie den sich auf- und abbewegenden Gärspund betrachteten, konnte ich an ihren Blicken ablesen, dass sie sich fragten, welcher Geist in diesem Fass eingesperrt sei«, meint sie, stellt aber sofort klar: »Die hiesige Kultur ist eben stark mit dem Glauben an Geister und Magie verbunden. Das respektiere ich.«

Wenn man Katrin Stelzer sprechen hört und sie auf ihren Wegen begleitet, wird rasch deutlich, dass ihr Wirken über bloßes Schnapsbrennen hinausgeht. Wenn anderswo von *zero waste* und Nachhaltigkeit gesprochen wird – bei ihr ist es logischer, gelebter Alltag. In ihrer Brennerei wird nichts verschwendet, auch nicht der aufgrund seines hohen Methanolgehalts für den Konsum gefährliche Vorlauf des Destillats. Diesen bringt Katrin Stelzer in das Buschkrankenhaus der deutschen Ärztin Uta Düll, die seit knapp 20 Jahren medizinische Hilfe in Ruanda leistet und erst 2018 dafür das Bundesverdienstkreuz verliehen bekam. »Sie verwendet den Vorlauf zur Desinfektion. Ihr Krankenhaus ist vermutlich das einzige der Welt, in dem es nach Mango, Ananas oder Erdnuss riecht – je nachdem, was ich gerade gebrannt habe«, lacht Katrin Stelzer.

Inzwischen sitzen wir im Auto und machen eine Stadtrundfahrt durch die Hauptstadt Kigali. »Die Stadt hat eine hervorragende Infrastruktur und ist sauber und modern. Ruanda zählt zu den sichersten Ländern Afrikas mit der geringsten Korruption. Ich fühle mich hier nachts mittlerweile sicherer als in Deutschland«, erklärt Katrin Stelzer.

»Ruanda zählt zu den sichersten Ländern Afrikas mit der geringsten Korruption. Ich fühle mich hier nachts mittlerweile sicherer als in Deutschland.«

Kaum haben wir die Hauptstadt hinter uns gelassen, sind wir schlagartig in dem Afrika, wie man es sich im Allgemeinen vorstellt: Man sieht Lehmhütten ohne Strom, begegnet Müttern mit Kindern und Kanistern auf dem Kopf, die Straße besteht aus roter Lehmerde, versehen mit Schlaglöchern und tiefen Rinnen, die der Regen gekerbt hat. Straßennamen oder richtungsweisende Schilder – Fehlanzeige. Katrin Stelzer orientiert sich »nach dem afrikanischen Navigationsprinzip: am umgeknickten Baum links, nach dem dritten großen Stein geradeaus, bis das gelbe Haus kommt, dann rechts«.

So hat sich Katrin Stelzer mit der Zeit in einem der ärmsten Länder des Kontinents ihre persönliche Infrastruktur geschaffen. »Ich achte bei all meinen Lieferanten auf den sozialen Aspekt und bezahle faire, übertarifliche Preise. Vor allem achte ich darauf, dass jeder sein Geld auch erhält. Ich halte nichts von Kooperativen, bei denen meist nicht der Mensch profitiert, der auf dem Feld steht.« Ihre Ananas werden nahe der burundischen Grenze von alleinerziehenden Müttern geerntet, die Katrin Stelzer persönlich rekrutiert hat. »Diese haben in der Regel drei bis fünf Kinder zu versorgen. Hier gibt es kein soziales Auffangsystem wie in Deutschland.«

SOZIALER ASPEKT Laut Katrin Stelzer profitieren bei Kooperativen meistens nicht die Menschen, die auf dem Feld stehen.

Katrin Stelzers Produkte werden auch bei offiziellen Staatsempfängen gereicht. Präsident Paul Kagame selbst trinkt keinen Alkohol.

Inzwischen sind wir zurück in der Destillerie, deren Mitarbeiter ebenfalls ausschließlich Einheimische sind. Sie werden hier ausgebildet, geschult und trainiert. Vor Ort sind aktuell fünf Mitarbeiter beschäftigt, auf dem Land 145. Produziert wird ohne Elektrizität oder ölbetriebene Industriemaschinen, destilliert wird ausschließlich mit Gas, sodass auch bei Stromausfällen eine kontinuierliche Produktion gewährleistet werden kann. Beim Rundgang durch die Destillerie stechen als Erstes die drei handgeschmiedeten 150-Liter-Kupferdestillen von COPPERGARDEN ins Auge. Davor sitzt Jean-Pierre Ndibwirende, einer ihrer Vorarbeiter, und hackt Zuckerrohr für den Rum – mit der Machete, mit der auch der Rasen gemäht wird.

Augustin Sindikubwabo, der zweite Vorarbeiter, baut derweilen aus einem Palmenblatt und einer Hundeleine einen notdürftigen Warmwasserablauf. Die Pumpe für den Kühlkreislauf ist kaputt, es wird dauern, bis sie repariert werden kann. »Alles, was hier auch nur ansatzweise mit Technik zu tun hat und auch mal kaputt gehen kann, kann nie wieder oder nur mit sehr hohem Aufwand wiederhergestellt werden«, weiß Katrin Stelzer. »Aber wer sein Handwerk versteht, kann auch mit einem alten Kessel was Gutes zaubern.«

Womit wir beim Handwerk wären: bei der Spirituose. Katrin Stelzers RWANDASCHNAPS ist nämlich wirklich hervorragend, allen voran die intensiven Liköre mit ihren teils ungewöhnlichen Aromen. Die Schwarzwälderin produziert zusätzlich eine stattliche Range an Edelbränden sowie weiterhin das, womit sie gestartet ist: Marmelade und Essig. Vor Ort beliefert sie vor allem die Fünfsternehotellerie, Botschaften sowie gehobene Supermärkte. Mittlerweile exportiert sie ihre Produkte aber auch nach Deutschland und in den benachbarten Kongo. Und: »Vor Kurzem war die Gefolgschaft samt Chefkoch von Präsident Paul Kagame in der Destillerie. Meine Produkte werden jetzt bei offiziellen Staatsempfängen gereicht. Der Präsident möchte, dass ›Made in Rwanda‹ weltweit den gleichen Stellenwert erhält wie ›Made in Germany‹, daher promotet er Produkte, die diesem Gütesiegel entsprechen. Er selbst trinkt keinen Alkohol, verlangt das aber nicht von allen anderen und gibt nach einer Wahlveranstaltung schon mal eine Runde Freibier aus.«

Ruanda wird auch das Land der tausend Hügel genannt.

»*Es ist ein gewaltiger Anblick, auf Hängebrücken 100 Meter über dem Boden schwebend Schimpansen und Goldmeerkatzen zu beobachten.*«

Paul Kagame, seit dem Jahr 2000 Präsident von Ruanda, ist international nicht unumstritten; erst im April 2019 wurde der damalige deutsche Botschafter Peter Woeste nach einer kritischen Bemerkung des Landes verwiesen. Zweifellos aber hat Kagame, dem 2016 der CHAMPIONS OF EARTH AWARD vom Umweltprogramm der Vereinten Nationen verliehen wurde, den Blick in die Zukunft gerichtet.

»Ruanda hat viel zu bieten, eine Reise lohnt sich«, resümiert Katrin Stelzer. »Es ist ein gewaltiger Anblick, auf Hängebrücken 100 Meter über dem Boden schwebend Schimpansen und Goldmeerkatzen zu beobachten. Auch kulturell gibt es mit dem Königspalast oder dem Richard Kandt Naturkundemuseum, benannt nach dem deutschen Arzt, der die Hauptstadt Kigali begründet hat, ein gutes Angebot – sowie natürlich auch das Genozid-Museum über das dunkelste Kapitel der Geschichte Ruandas. Dieses wird 25 Jahre danach jedoch sehr gut abgehandelt.«

So haben wir es also doch noch erwähnt, das Schlagwort, mit dem Ruanda nach wie vor assoziiert wird. Menschen wie Katrin Stelzer arbeiten jedoch daran, dieses Image von Ruanda zu ändern. Man könnte in ihrem Fall auch sagen: Sie brennt darauf. Es ist ja schließlich auch nicht die Liebe, die sie hierhergebracht hat.

•

Lufteinschlüsse im fertigen Produkt sind kein Zeichen mangelnder Qualität, sondern ein Beweis hochwertiger manueller Herstellung.

ELEGANZ *IN* IHREM ELEMENT

AUTOR Roland Graf

Nirgendwo treffen feines Material und robustes Handwerk so wirkungsvoll zusammen wie in der Glasproduktion. Dabei verschmelzen Tradition und Innovation auf einzigartige Weise. Zu Besuch in der bayerischen Glasmanufaktur von Zwiesel Kristallglas.

Glasmacher Johann Weny ist seit fast 40 Jahren für das Unternehmen Zwiesel Kristallglas tätig und bringt auf den Punkt, woher die nach wie vor ungebrochene Leidenschaft für sein Handwerk rührt: »Mich faszinieren die Elemente Wasser und Feuer und die stets neuen Techniken, die uns grenzenlose Möglichkeiten bieten.«

In Zwiesel wird aufgrund der reichen Quarzvorkommen seit Jahrhunderten Glas geblasen. Für Eleganz stand das Kristallglas schon immer, heute ist es auch eine Antithese zur Wegwerfgesellschaft. Während die eine Marke der Zwiesel Kristallglas, SCHOTT ZWIESEL, maschinengefertigte Produkte in 130 Länder liefert, steht ZWIESEL 1872 als weitere Marke traditionell für mundgeblasenes Glas. Weinliebhaber schätzen diese Unikate, die immer kleine Lufteinschlüsse von der manuellen Bearbeitung mitbringen, seit Langem. Doch auch im Barbereich gibt es diese Alternative zu industriell gefertigten Cocktailgläsern.

»Den Ursprung eines jeden Glasproduktes bildet die Designzeichnung. Über den Kölbel, eine bei circa 1.200 °C geblasene Glaskugel, entsteht darauf aufbauend das Produkt von Hand. Bis zu vier Stunden ruht diese Rohform dann im Kühlbad, bis wir Glasmacher sie final bearbeiten«, erklärt Johann Weny den Prozess in der sogenannten »Handhütte«. In dem Prozess, der seit fast 150 Jahren der Formgebung dient, können auch moderne Formen perfekt umgesetzt werden. Das zeigt auch die Zusammenarbeit mit der Barlegende Charles Schumann. Mit der 2019 erstmals aufgelegten Serie Marlène sorgen die Glasmacher im Bayerischen Wald für eine ebenso filigrane wie funktionale Kollektion. Die neun Gläser mit den feminin geschwungenen Linien sind ein echter Hingucker – was ein perfekter Drink ja auch immer sein sollte.

»Wir stellen täglich Unikate her«, resümiert Johann Weny, »und geben dabei die in der Region verwurzelte Tradition des Glasmachens an zukünftige Generationen weiter.«

GLAS MIT SCHWUNG

Die Kollektion *Marlène* ist in Kooperation mit Charles Schumann entstanden.

TRADITION
INNOVATION
EVOLUTION

AUTORIN Marianne J. Strauss
FOTOGRAFIE Anne Deppe

Der Zeit ihre Cocktails. Den Cocktails ihre Freiheit:
50 Rezepturen zwischen Klassik und Moderne.

TROCKENE ELEGANZ

Bis heute zählt der schmackhafte Klassiker mit Gin und Wermut zu den beliebtesten Drinks der Bargeschichte. Die heute vielfach obligatorische Olive gehörte jedoch nicht zur klassischen Variante des DRY MARTINI und fand erst Jahrzehnte später den Weg ins Glas.

DRY MARTINI

6 cl London Dry Gin
2 cl trockener Wermut
2 Dashes Orange Bitters (optional)

Glas — Cocktailschale
Garnitur — grüne Oliven oder Zitronenzeste
Zubereitung — Alle Zutaten mit Eis rühren und in eine gekühlte Cocktailschale abseihen. Den Cocktail mit drei Oliven am Spieß oder einer Zitronenzeste garnieren.

WISSEN

Das richtige Verhältnis von Gin und Wermut bestimmt, wie trocken dieser Klassiker schmeckt. Die Maßangaben im nebenstehenden Rezept dienen dabei mehr als Anhaltspunkt denn als feste Größen, ein Dry Martini wird üblicherweise nach Vorliebe gemixt. Als Faustregel gilt: je weniger Wermut, desto trockener der Martini. Die mit Oliverlake gerührte Variante ist der *Dirty Martini*.

Glas: Litbey

RUM
MAI TAI

ÜBERIRDISCH GUT

Dieser Tiki-Klassiker wurde der Legende nach von Victor »Trader Vic« Bergeron in den 1940er-Jahren in Kalifornien erfunden. Der MAI TAI soll seinen Namen übrigens zwei begeisterten Gästen aus Tahiti verdanken, die den Drink mit »Mai tai roa ae« kommentierten – zu Deutsch etwa »überirdisch gut«.

MAI TAI

3 cl Rum
3 cl Rhum V.S.O.P.
3 cl Limettensaft
1,5 cl Orange Curaçao
1,5 cl Orgeat

Glas — Tumbler auf Eis oder Crushed Ice
Garnitur — Minzzweig
Zubereitung — Alle Zutaten in einen Shaker geben, Eiswürfel hinzugeben, 15 Sekunden lang kräftig shaken. Doppelt durch ein Sieb abseihen.

WISSEN

Der Unterschied zwischen Rum und Rhum ist so klein wie fein. Als grobe Faustregel gilt: Rum wird aus Zuckermelasse in der Karibik und den ehemaligen englischen Kolonien im Indischen Ozean gebrannt. Rhum dagegen wird aus frischem Zuckerrohrsaft gewonnen und stammt von den ehemals französisch besetzten Inseln der Karibik. Der häufig zu lesende Zusatz *Agricole* bedeutet dabei so viel wie »aus landwirtschaftlicher Herstellung«. Enge Verwandte des Rhum sind der brasilianische Cachaça oder der haitianische Clairin - auch sie werden aus frischem Zuckerrohrsaft gebrannt.

WHISKEY
MINT JULEP

VERGOLDETE MINZE

Der einfache Drink aus Bourbon, Zuckersirup und Minze könnte laut Cocktailhistoriker David Wondrich tatsächlich der »first true American drink« sein. Konsequenterweise spielte der Klassiker eine große Rolle in der Bar-Renaissance.

MINT JULEP

7,5 cl Bourbon
1,5 cl Zuckersirup
8 Minzblätter (plus 3 Zweige als Garnitur)

Glas — Julepbecher oder Tumbler
Garnitur — Minzzweige
Zubereitung — Minze in den Handflächen andrücken und mit den restlichen Zutaten ins Glas geben. Verrühren und fünf Minuten ziehen lassen, Minze entfernen, den Becher randvoll mit gestoßenem Eis auffüllen und gründlich umrühren. Danach komplett mit Eis auffüllen.

WISSEN

Der Mint Julep ist immer nur so gut wie sein Bourbon — und die verwendete Minze. Am besten schmeckt der Klassiker mit einer aromatischen Minzsorte, die dabei weder zu scharf noch zu mentholhaltig sein darf. Auf dem europäischen Markt eignet sich zum Beispiel die Sorte *Kentucky Spearmint*, eine milde Kreuzung aus Grüner Minze und Apfelminze. Klassische Pfefferminze dagegen ist wegen ihres zu intensiven Aromas nicht zu empfehlen. Zum Mixen werden nur die Minzblätter oder ihre weichen Spitzen verwendet, nicht jedoch die Stiele.

Julep Strainer: Bonzer

ROSTIGE *FLÜGEL*

1937 gilt als das vermutete Geburtsjahr des RUSTY NAIL, der damals noch als B.I.F. Cocktail über den Tresen ging. In den 1970er-Jahren erhielt der Drink mit Scotch und Drambuie seinen heutigen Namen. Das einfache Rezept ist so elegant wie zeitlos – und ganz sicher niemals eingerostet.

RUSTY NAIL

6 cl Blended Scotch
2 cl Drambuie

Glas — Tumbler auf Eis
Garnitur — keine
Zubereitung — Alle Zutaten in ein Rührglas geben, ausreichend Eiswürfel hinzugeben, 20 Sekunden lang rühren. Einfach abseihen.

WISSEN

Schon historisch gesehen verlangt der Rusty Nail nach einem Blended Scotch: In seiner Entstehungszeit in den 1930er-Jahren standen so gut wie keine Single Malt Scotches in den Backbars. Zu viel Torfgeschmack verändert das Originalrezept nicht unbedingt ins Positive. Drambuie genießt als schottischer Likör mit über 200-jähriger Geschichte ebenfalls Heimvorteil und schenkt dem Drink mit seinen milden Kräuter- und Honigaromen eine wunderbar erdende Komponente.

DER SALZ-KLASSIKER

Im Spanischen bezeichnet MARGARITA auch das Gänseblümchen. Nicht ganz so unschuldig ist dieser kräftige Sour, der zum wohl berühmtesten Tequila-Cocktail weltweit avanciert ist und rund um den Globus in unzähligen Abwandlungen getrunken wird. Aber selten ohne Salzrand.

MARGARITA

6 cl Tequila
2 cl Triple Sec
2 cl Limettensaft
0,75 cl Agavensirup (optional)

Glas — Cocktailschale
Garnitur — Salzrand, Limettenscheibe
Zubereitung — Alle Zutaten in einen Shaker geben, Eiswürfel hinzugeben, 15 Sekunden lang kräftig shaken. Doppelt durch ein Sieb abseihen. Besonders fabelhaft schmeckt die Margarita mit der klassischen Salzcrusta.

WISSEN

Neben einem hochwertigen Tequila, goldenem Orangenlikör, frischen Limetten und – optional – einem Schuss Agave braucht das mexikanische Nationalgetränk in jedem Fall seine glitzernde Salzcrusta. Das hat einen ganz besonderen Grund: Im Mund wirkt das Salz dank seines starken Eigengeschmacks neutralisierend auf die Geschmacksknospen, sodass sich die sauren bis süßen Aromen der Margarita anschließend besonders kräftig entfalten können. Gern darf bei der beliebten Crusta mit einem speziellen, etwa einem geräucherten, Salz experimentiert werden.

BRANDY / COGNAC
BRANDY CRUSTA

CRUSH ON CRUSTA

Bereits 1862 wird dieser Cocktail erstmals von Jerry Thomas erwähnt. Als Erfinder gilt Joseph Santini, der Mitte des 19. Jahrhunderts in der Exchange Bar in New Orleans hinter dem Tresen stand. Mit diesem Drink schuf er die Grundlage für den heute ebenso beliebten Sidecar.

BRANDY CRUSTA

6 cl Cognac
2 cl Zitronensaft
1,5 cl Maraschino
1,5 cl Orange Curaçao

Glas — Weinglas
Garnitur — Zitronenzeste, Zuckerrand
Zubereitung — Alle Zutaten in einen Shaker geben, Eiswürfel hinzugeben, 15 Sekunden lang kräftig shaken. Doppelt durch ein Sieb abseihen. Eine große Zitronenzeste in den Drink geben.

WISSEN

Der Brandy Crusta markiert einen entscheidenden Wendepunkt in der Cocktailgeschichte: Entgegen der bis dahin geläufigen Rezeptur eines Cocktails - der klassischerweise mit Zucker, Bitters, Wasser und einer Spirituose gemixt wurde - fügte Joseph Santini erstmals Zitronensaft zu dieser Mischung hinzu. Damit gilt der Brandy Crusta gleichzeitig als Urform des Sour. Auch die heute völlig selbstverständliche Zugabe einer Zitronenzeste wird dem Brandy Crusta und ihrem Erfinder zugeschrieben: Vermutlich als erster Bartender der Welt erkannte Santini das aromatische Potenzial der Zitrusschale, die heute unzähligen Drinks ein volleres, runderes Profil verleiht.

Glas: Riedel

UMAMI GALORE

Der klassische Katerdrink stammt aus den 1920er-Jahren und funktioniert am besten mit hochwertigem Vodka und frisch gepresstem Zitronensaft. Die Angaben für Worcestersauce, Tabasco, Salz und Pfeffer dienen als lose Anhaltspunkte – eine BLOODY MARY wird immer auch nach dem individuellen Geschmack gemixt.

BLOODY MARY

4 cl Vodka
10 cl Tomatensaft
2 cl Zitronensaft
4 Dashes Worcestersauce
2 Dashes Tabasco
Jeweils eine Prise Salz und Pfeffer

Glas — Longdrinkglas
Garnitur — Selleriestange
Zubereitung — Alle Zutaten in einen Shaker geben, Eiswürfel hinzugeben und 10-mal zwischen den beiden Shakerteilen hin- und herwerfen. Einfach abseihen und mit einer Selleriestange garnieren.

WISSEN

Warum hilft ein Drink wie die Bloody Mary so hervorragend als Konterdrink gegen einen Kater? Der Effekt ist vor allem den deftigen Zutaten Salz, Pfeffer, Tomatensaft, Worcestersauce und Tabasco zuzuschreiben, die den gebeutelten Elektrolythaushalt wieder ausgleichen. Zitronensaft versorgt den Kreislauf mit Vitamin C, 4 cl Vodka lindern die Entgiftungserscheinungen am Morgen. Besonders in den Vereinigten Staaten gilt die Bloody Mary als beliebter Drink zum Brunch.

Longdrinkglas: Zwiesel 1872

LIKÖR / WERMUT
MANHATTAN

NEIDLOS ZEITLOS

Der Legende nach entstand der MANHATTAN gegen Ende des 19. Jahrhunderts im berühmten gleichnamigen Club in New York. Der damals oft mit Zuckersirup, Curaçao oder Maraschino gesüßte Drink kommt heute straight ins Glas – kräftig, würzig und süß.

MANHATTAN

6 cl Rye Whiskey
3 cl roter Wermut
2 Dashes Angostura Bitters

Glas — Cocktailschale
Garnitur — Cocktailkirsche
Zubereitung — Alle Zutaten in ein Rührglas geben, ausreichend Eiswürfel hinzugeben, 20 Sekunden lang rühren. Einfach abseihen.

WISSEN

Traditionellerweise wird der Manhattan mit einem kräftigen Rye Whiskey oder, weniger oft, mit Bourbon gemixt. Während der Prohibition griffen die Bars in den Vereinigten Staaten mangels Verfügbarkeit von Rye und Bourbon auf kanadischen Blended Whiskey zurück, der sich auch nach dem Alkoholverbot lange als Standardwhiskey für Manhattans halten konnte. Heute wird der Cocktail wieder mit Rye Whiskey gemixt.

Cocktailschale: Zwiesel 1872

SCHAUMWEIN
FRENCH 75

DER *PERLKÖNIG*

Wie ein aromatisches Feuerwerk explodieren eiskalter Champagner, kräftiger Dry Gin, Zitronensaft und Zuckersirup am Gaumen. Das wusste schon das feiererprobte New York der goldenen Zwanzigerjahre, von wo der FRENCH 75 seinen Siegeszug hinaus in die Welt machte.

FRENCH 75

3 cl Dry Gin
1,5 cl Zitronensaft
0,5 cl Zuckersirup
10 cl Champagner

Glas — Champagnerglas
Garnitur — Cocktailkirsche
Zubereitung — Alle Zutaten bis auf den Champagner in einen Shaker geben, Eiswürfel hinzugeben, 15 Sekunden lang kräftig shaken. Doppelt durch ein Sieb abseihen. Mit Champagner aufgießen.

WISSEN

Der French 75 trägt den Namen einer französischen Kanone aus dem Ersten Weltkrieg. Nicht zuletzt aufgrund diesen Ursprungs scheint man zu Beginn mit der Grundspirituose experimentiert zu haben, David Embury beschreibt seinen *Soixante Quinze* (französisch für 75) etwa mit Cognac. Am populärsten war jedoch die Gin-Variante, die heute gleichbedeutend für einen French 75 steht. Sie wurde vom New Yorker Stork Club in die Welt hinausgetragen.

Champagner-Flöte: Ichendorf Milano / Süper Store

AMARO / BITTER
NEGRONI

RUBINROTES GOLD

Der klassische Aperitif entwickelte sich um das Jahr 1920 als stärkere Variante des italienischen Americano. Verantworlich für die Popularität des NEGRONI ist auch seine simple Rezeptur: Gin, Wermut und Bitter zu gleichen Teilen ergeben eine schmackhafte, rubinrote Ménage-à-trois.

NEGRONI

3 cl Gin
3 cl Campari
3 cl roter Wermut

Glas — Tumbler auf Eis
Garnitur — Orangen- und Zitronenzeste
Zubereitung — Alle Zutaten in ein Rührglas geben, ausreichend Eiswürfel hinzugeben, 20 Sekunden lang rühren. Einfach abseihen.

WISSEN

»Un po' più forte« soll Graf Camillo Negroni seinen Lieblingsdrink Americano bestellt haben – und begründete damit einen heute legendären Drink. Dem Wunsch nach diesem »ein bisschen stärker« kam der Bartender Fosco Bruno Sabatino Scarselli nach, indem er statt des Sodas einen Gin verwendete. Heute existiert der Negroni neben der klassischen Form in unzähligen Varianten und wird alljährlich mit der Negroni Week gefeiert. Teilnehmende Bars spenden dabei eine Woche lang einen Teil des Erlöses von jedem verkauften Negroni für einen wohltätigen Zweck.

Tumbler: Riedel

OBSTBRAND / KRÄUTER
STRAITS SLING

HISTORISCHER SCHLINGEL

Der STRAITS SLING ist die komplexere Variante des Gin & Tonic: Kirschwasser und Bénédictine in Kombination mit Gin sorgen für ein süß-herbes Trinkvergnügen. Soda und Muskat machen den Drink zum klassischen Sling, der ursprünglich als Mix aus Spirituose, Wasser, Zucker und Muskatnuss definiert wurde.

STRAITS SLING

4 cl Gin
2 cl Kirschwasser
2 cl Bénédictine
1 cl Zitronensaft
2 Dashes Orange Bitters
2 Dashes Angostura Bitters
Soda

Glas — Collinsglas
Garnitur — keine
Zubereitung — Alle Zutaten bis auf das Soda in einen Shaker geben, Eiswürfel hinzugeben, 15 Sekunden lang kräftig shaken. Doppelt durch ein Sieb abseihen und mit Soda aufgießen. Optional etwas Muskatnuss über den Drink reiben.

WISSEN

Um den Straits Sling ranken sich wilde Geschichten. Eine der schönsten besagt, dass es sich bei diesem kräftigen Drink eigentlich um das Originalrezept des berühmteren *Singapore Sling* handelt. Der Legende nach wurde der Cocktail mit Gin, Kirschwasser und Bénédictine erstmals im Raffles Hotel in Singapur gemixt, im Laufe der 1930er-Jahre jedoch vergessen. Nur dank eines aufmerksamen Stammkunden, der das Rezept auf einer Serviette festgehalten habe, sei der Singapore Sling wieder auf der Bildfläche erschienen – nur eben leicht verändert, wie viele Stimmen meinen.

Longdrinkglas: Schott Zwiesel

PISCO
PISCO SOUR

FROM *DISCO* TO PISCO

Der PISCO SOUR gehört zu den Anden wie Machu Picchu zu Peru. Außerdem findet sich der Klassiker seit Jahrzehnten auf jeder Barkarte dieser Welt, ob in klassischer oder leicht adaptierter Rezeptur. Der auf dem Aroma der Muskatellertraube basierende Cocktail besticht durch Frische, Fruchtigkeit und eine cremige Textur.

PISCO SOUR

6 cl Pisco
3 cl frischer Limettensaft
2 cl Zuckersirup
Eiweiß von einem Ei
1 Dash Angostura Bitters
oder Amargo Chuncho Bitters

Glas — Tumbler auf Eis oder *straight up*
Garnitur — keine
Zubereitung — Alle Zutaten im Shaker ohne Eiswürfel für 10 Sekunden shaken, danach nochmal mit Eiswürfeln 15 Sekunden shaken und in den Tumbler abseihen. Einen Dash Bitters auf die cremige Oberfläche geben. Je nach Präferenz lässt sich der Pisco Sour auch wunderbar *straight up* ohne Eis trinken.

Glas: Circle Glass / Studio Milena Kling
Porzellanhand: Kühn Keramik / Süper Store

WISSEN

Pisco ist ein Destillat aus Traubenmost und darf nur in Chile und Peru so bezeichnet werden. Um einen Liter des Weinbrands zu erhalten, werden zwischen sechs und sieben Kilogramm Trauben verwendet. Der Most stammt von den acht erlaubten Traubensorten, auch bekannt als »Pisco-Trauben«. Es handelt sich dabei hauptsächlich um Muskatellertrauben *(Moscatel)*. Chilenischer Pisco darf mit Wasser herabgesetzt werden, peruanischer nicht, sondern muss direkt auf Trinkstärke gebrannt werden. Generell unterliegt peruanischer Pisco stärkeren Produktionsbestimmungen. Die Aromenvielfalt von Pisco ist enorm, wodurch auch der Pisco Sour ein sehr breites Geschmacksspektrum von leicht bis sehr fruchtig annehmen kann.

EINE ODE AN

Gin wollte lange Zeit keine richtige Freundschaft mit mir schließen – würzig, bitter, besonders in der Kombination mit Tonic Water. Nach zwei Gläsern war das Maximum erreicht. Noch heute gilt: Einen kann ich genießen, zwei sind einer zu viel. Inzwischen kenne ich aber die Vielfalt, mit der sich Gin einsetzen lässt. Durch einen Zufall nahm ich 2009 an einem Gin-Tasting im LE LION teil, lange bevor ich anfing, dort zu arbeiten. Ich war beeindruckt: An diesem Nachmittag wurde der gesamte Raum nur von Gin-Flaschen beherrscht, meine Neugier war geweckt.

Früher habe ich mit Vorliebe auf Vodka-Basis gemixt. Ich komme aus Russland und bin quasi mit Vodka aufgewachsen. Dabei ging es weniger um den Geschmack als vielmehr um den Effekt. Bei uns im Le Lion liegt der Schwerpunkt auf Klassikern, und Gin eignet sich ideal für klassische Cocktails, zum Beispiel für einen knackig-frischen GIMLET. Aber auch für viele weitere Drinks bietet Gin eine tolle Grundlage und ist zum Experimentieren wunderbar geeignet.

Mein Lieblingsdrink auf Gin-Basis ist der DUBONNET COCKTAIL. Er besteht aus zwei fantastischen Zutaten: Dubonnet, einem französischen Aperitif, und Gin, beides zu gleichen Teilen auf Eis gerührt, für einen angenehmen Frischekick zum Schluss mit einer Zitronenzeste abgespritzt. Das Rezept kann man auf Wunsch um eine weitere Zutat, nämlich ein bis zwei Tropfen Angostura Bitters, erweitern, um für mehr Tiefe zu sorgen. Gin-Trinkern empfehle ich gerne den ARMY & NAVY COCKTAIL. Hier wird ein klassischer Navy Strength Gin mit Orgeat, frischem Zitronensaft und einigen Tropfen Angostura Bitters kombiniert. Orgeat, ein Mandelsirup, gibt dem würzigen Gin eine spannende Süße, die die kräftigen Aromen des Gins wunderbar unterstützt. Auch hier sorgen die wenigen Tropfen Bitters für etwas mehr Tiefe.

Unser meistverkaufter Drink ist aber ganz klar der GIN BASIL SMASH, den Joerg Meyer im Le Lion erfunden hat. Dafür werden frisches Basilikum, frischer Zitronensaft und Zucker gesmasht und anschließend um eine gute Portion Gin erweitert – wir sprechen von 7 cl Liebe. Der grüne Drink ist ein Eyecatcher und mit seinem frischen Geschmack und den leichten Bitternoten ein idealer Drink für den Start in den Abend.

Gin-Neulingen empfehle ich, mit einem klassischen London Dry Gin zu starten, der nicht unbedingt der teuerste sein muss, um mit dem Wacholder Freundschaft zu schließen. Gin spricht seine eigene Sprache, und die musste ich auch erst lernen. •

DUBONNET COCKTAIL

4 cl Gin
4 cl Dubonnet

Glas – Coquetier oder Nick & Nora
Garnitur – Zitronenzeste
Zubereitung – Alle Zutaten in ein Rührglas geben, ausreichend Eiswürfel hinzugeben, 20 Sekunden lang rühren und abseihen.

> *»Gin spricht seine eigene Sprache, und die musste ich auch erst lernen.«*

Swetlana Holz ist Barmanagerin im Le Lion – Bar de Paris in Hamburg, der Wiege des Gin Basil Smash und seit langer Zeit einer der führenden Bars in Deutschland.

EINE ODE AN

»Meine ersten Insektenstiche wurden mit Rum behandelt.«

Ian Burrell ist der weltweit erste Global Rum Ambassador und arbeitet nicht für eine Marke. Der frühere Profi-Basketballer ist Veranstalter des RumFest in London.

Meine Familie stammt aus Jamaika, wo Rum allgegenwärtig ist, ob in der Küche, im Schlaf- oder im Wohnzimmer. Rum begleitet mich seit meiner Kindheit und ist für mich praktisch wie ein Bruder oder eine Schwester. Was soll ich sagen: Meine ersten Insektenstiche wurden mit Rum behandelt.

Ein Vorteil von Rum ist, dass die meisten sich ihm emotional nähern. Er mag heute überall auf der Welt produziert werden, aber hauptsächlich verbindet man damit tropische Länder, in denen Zuckerrohr wächst. Rum erinnert an Sonne, Strand, Musik, auf jeden Fall eine gute Zeit. Vielleicht, weil Rum tatsächlich auch als Spaß-Spirituose entstanden ist – im Gegensatz zu etwa Gin oder Vodka, die für medizinische Zwecke erfunden wurden.

Geschmacklich hat Rum eine Fülle, die andere Spirituosen niemals erreichen können. Dürfte ich aber nur eine einzige Flasche präsentieren, um Außerirdischen zu erklären, was Rum ist, dann wäre das Wray & Nephew Overproof Rum. Das ist der erste Rum, den ich bewusst getrunken habe, und es soll auch der letzte sein. Er steht nicht nur für Rum in seinem rohesten Sinne, sondern für Jamaika. Barkeeper nennen das Zeug liebevoll »Uncle Wray«. Ich habe in den späten 1990ern versucht, den Rum in Londoner Bars zu verkaufen, aber man hat mich nur verwundert angesehen: »Was sollen wir mit einem jamaikanischen Rum mit 63 % Vol. Alkohol?« Inzwischen sieht man die Flaschen in schicken Restaurants ebenso wie in winzigen Pubs.

Rum hat mich jedenfalls viel mehr gelehrt, als nur Genuss und eine gute Zeit zu haben. Er hat mich vor allem gelehrt, Menschen nicht nach ihrem Äußeren zu beurteilen. Gerade heutzutage beurteilen wir uns viel zu häufige nach unserem Aussehen und nehmen uns keine Zeit, uns anzunehmen oder kennenzulernen. Mit Rum ist das genauso: Anstatt sich auf den Namen oder das Label zu verlassen, sollte man ihm offen begegnen und sich die Zeit nehmen, ihn zu verstehen. •

BURRELL DAIQUIRI

6 cl Rum
3 cl Limettensaft
1,5 cl Agavensirup
3 Dashes Orange Bitters

Glas – Coupette
Garnitur – Orangenzeste
Zubereitung – Alle Zutaten in einen Shaker geben, Eiswürfel hinzugeben, 15 Sekunden lang kräftig shaken und abseihen.

GIN
MODERN

GIN BASIL SMASH
Basili cum laude

6 cl Gin
2 cl Zitronensaft
6-8 Basilikumblätter
1-2 cl Zuckersirup

Glas – Tumbler auf Eis
Garnitur – Basilikumzweig
Zubereitung – Alle Zutaten in einen Shaker geben und das Basilikum mitsamt Stielen mit moderatem Druck muddeln. Eiswürfel hinzugeben und kräftig 15 Sekunden lang shaken. Doppelt abseihen.

Die Erfolgsgeschichte des grünen *Gin Basil Smash* ist jünger, als seine Bekanntheit vermuten lässt. Erst im Jahr 2008 machte sich der moderne Klassiker von Joerg Meyer aus Hamburg auf, die Tresen der Welt zu erobern.

BRAMBLE
Brombeersammler

5 cl Dry Gin
3 cl Zitronensaft
1,5 cl Zuckersirup
1 cl Crème de Mûre

Glas – Tumbler
Garnitur – Brombeere und Zitronenspalte
Zubereitung – Gin, Zitronensaft und Zuckersirup in einen Tumbler geben, rühren und mit gestoßenem Eis auffüllen. Erneut rühren und mit Crème de Mûre floaten.

In den 1980er-Jahren sah der erste *Bramble* in London das Licht der Welt. Der fruchtige Twist auf den Gin Sour ist so einfach wie genial. Nicht umsonst hat dieser Drink den Platz des früh verstorbenen Dick Bradsell in der Bargeschichte gesichert.

HUMMINGBIRD
Japanische Flatter

4,5 cl Gin
4,5 cl Umeshu
1,5 cl Plum Eau de Vie
0,75 cl Génépi
1/5 TL Zuckersirup

Glas – Cocktailschale
Garnitur – keine
Zubereitung – Alle Zutaten in ein Rührglas geben, ausreichend Eiswürfel hinzugeben, 20 Sekunden lang rühren. Einfach abseihen. Die überbleibende Flüssigkeit in einem kleinen Glas anbei servieren.

Diese fruchtige Martini-Variante stammt aus New York. Bartender Matthew Belanger aus der Vorzeigebar *Death & Co* entwickelte den *Hummingbird* mit dem japanischen Likör aus Ume-Aprikose, dem er bevorzugt kräftigen Gin entgegensetzt.

GIN
KLASSISCH

ALASKA COCKTAIL
Holiday on Ice

5,5 cl Gin
0,8 cl Chartreuse M.O.F.
0,2 cl Orange Bitters

Glas – Tumbler auf Eis
Garnitur – keine
Zubereitung – Die Zutaten im Rührglas auf Eis länger rühren und auf einen Eisblock in einen vorgekühlten Tumbler abseihen. Orangenzeste über dem Drink twisten, aber nicht ins Glas geben.

Als gelungene Martinivariante vereint der *Alaska Cocktail* die floralen Aromen des Gins (Empfehlung: mindestens 41 % Vol.) mit der leicht herben Chartreuse Jaune. Der Orange Bitters schleift etwaige Kanten. Hier in der Version von Gonçalo de Sousa Monteiro aus dem *Buck & Breck*.

RAMOS GIN FIZZ
Fizzle my Gizzle

6 cl Gin
2 cl Schlagsahne
2 cl Zuckersirup
1,5 cl Limettensaft
1,5 cl Zitronensaft
5 Tropfen Orangenblütenwasser
1 Eiweiß
3 cl Soda

Glas – Collinsglas
Garnitur – keine
Zubereitung – Alle Zutaten außer dem Soda in einen Shaker geben und 20 Sekunden shaken. Eiswürfel hinzugeben und nochmal 20 Sekunden lang kräftig shaken und abseihen. Mit 3 cl Soda aufgießen.

Kein Drink erfordert einen längeren Shake als dieser Klassiker.

RUM
KLASSISCH

MOJITO
Der Minzklassiker

6 cl weißer Rum
3 cl Zuckersirup
2 cl Limettensaft
8 Minzblätter (plus 1 Minzzweig als Garnitur)
3 cl Soda

Glas – Collinsglas
Garnitur – Minzzweig
Zubereitung – Zuckersirup und Minzblätter im Mixingglas vermengen. Die restlichen Zutaten hinzugeben, shaken und in ein gekühltes Collinsglas auf Eis abseihen. Mit 3 cl Soda auffüllen.

Das kubanische Originalrezept besteht traditionell aus weißem Rohrzucker sowie frischem Limettensaft. Wichtig ist das Anklatschen der Minzzweige, wodurch ätherische Öle freigesetzt werden.

EL PRESIDENTE
Kubanischer Export

4 cl weißer Rum
4 cl trockener Wermut
0,5 cl Curaçao
1 BL Grenadine

Glas – Cocktailschale
Garnitur – Orangenzeste und Cocktailkirsche
Zubereitung – Alle Zutaten in ein Rührglas geben, ausreichend Eiswürfel hinzugeben, 20 Sekunden lang rühren. Einfach abseihen.

Dieser kubanische Cocktail entstand zu Beginn des 20. Jahrhunderts. Auch hiervon gibt es verschiedenste Varianten, wir entscheiden uns für jene mit dem gleichen Verhältnis von weißem Rum und trockenem Wermut.

DAIQUIRI
Der Alleskönner

6 cl Rum
2 cl Limettensaft
2 cl Zuckersirup

Glas – Coupette
Garnitur – keine
Zubereitung – Alle Zutaten in einen Shaker geben, Eiswürfel hinzugeben, 15 Sekunden lang kräftig shaken. Doppelt durch ein Sieb abseihen.

Der Drink, der die Dreifaltigkeit von Rum, Limette und Zucker auf den Punkt bringt wie kein anderer. Schon Ernest Hemingway wusste diesen Sour zu schätzen, trank ihn allerdings ohne Zucker und mit der doppelten Menge Rum.

RUM
MODERN

RUM TO THE ROOTS
Graswurzelbewegung

2 cl Rum
2 cl Rote-Bete-Geist
2 cl Zuckersirup
2 cl Zitronensaft
1 Dash Walnut Bitters

Glas – Coupette
Garnitur – Rote-Bete-Chips
Zubereitung – Alle Zutaten in einen Shaker geben, Eiswürfel hinzugeben, 15 Sekunden lang kräftig shaken. Doppelt durch ein Sieb abseihen.

Der *Rum to the Roots* meistert den Spagat zwischen Karibik und Bayern und vereint gekonnt Rum, Rote Bete, Zuckersirup und Walnuss. Nicht umsonst hat Bartender Matthias Ingelmann mit dieser Kreation die GSA-Competition 2017 gewonnen.

HISPANOLA BUCCANEER
Tiki in der Salbeiwolke

3 cl Clairin
2 cl Sherry
1,5 cl Kaffeegeist
1,3 cl Verjus
1 Dash Tiki Bitters
Salbeispray

Glas – Tumbler auf Eis
Garnitur – keine
Zubereitung – Alle Zutaten in ein Rührglas geben, ausreichend Eiswürfel hinzugeben, 20 Sekunden lang rühren. Einfach abseihen. Salbeispray über den Drink sprühen.

Ein Drink wie ein Gedankenblitz aus Becketts Kopf. Die gleichnamige Berliner Bar entwickelte den *Hispanola Buccaneer* im Jahr 2016 und setzt im Originalrezept auf haitianischen Clairin von Michael Sajous und Kaffeegeist vom Freimeisterkollektiv.

WHISK(E)Y
MODERN

BENTON'S OLD FASHIONED
Bourbon im Speckmantel

6 cl Bourbon-Infusion mit Schinkenspeck
  › S. 150
0,75 cl Ahornsirup
2 Dashes Angostura Bitters

Glas – Tumbler
Garnitur – Orangenschale
Zubereitung – Alle Zutaten in ein Rührglas geben, ausreichend Eiswürfel hinzugeben, 20 Sekunden lang rühren. Einfach abseihen.

Der *Benton's Old Fashioned* gehört zu den beliebtesten Drinks des New Yorker Speakeasy-Pioniers *Please Don't Tell*. Der geschmolzene Schinkenspeck schenkt dem Bourbon eine überraschende deftig-weiche Note – diese Infusion ist ihre Mühe wert.

WHISKEY SOUR
Modern interpretiert

7 cl Bourbon
3 cl Zitronensaft
1,5 cl Old-Fashioned-Sirup (Bourbon, Zucker und Angostura Bitters)

Glas – Sourglas
Garnitur – keine
Zubereitung – Alle Zutaten in einen Shaker geben, Eiswürfel hinzugeben, 15 Sekunden lang kräftig shaken. Doppelt durch ein Sieb abseihen.

Während sich die einen streng an die klassische Sour-Definition halten und das Eiweiß weglassen, schwören die anderen auf Eiweiß als Geschmacks- und vor allem Konsistenzgeber. Christian Gentemann verzichtet darauf und denkt in seiner *Bar am Steinplatz* den *Whiskey Sour* weiter.

TERRACOTTA COCKTAIL
Erdverbundenheit

6 cl Irish Whiskey
1,5 cl Röst-Artischocken-Cynar › S. 150
1 cl Black-Garlic-Sirup › S. 150
1,5 cl geklärter und rektifizierter
  Zitronensaft › S. 150
4 Dashes Black Garlic Skin Bitters › S. 150

Glas – Tonbecher
Garnitur – Knoblauchsprossen
Zubereitung – Alle Zutaten in einen Shaker geben, Eiswürfel hinzugeben, 15 Sekunden lang kräftig shaken. Doppelt durch ein Sieb auf einen großen Eiswürfel abseihen.

So viel sei gesagt: Die aufwendige Vorbereitung lohnt sich. Paulo Gomes und Emanuel Minez aus dem *Red Frog* in Lissabon konzipierten den *Terracotta* mit allergrößter Liebe zum aromatischen Detail. Ein erdiger Drink mit überraschend weicher Knoblauchnote.

WHISK(E)Y
KLASSISCH

BLOOD AND SAND
Hollywoodreif

3 cl Blended Scotch
2 cl Orangensaft
2 cl Kirschlikör
2 cl roter Wermut

Glas – Cocktailschale
Garnitur – Orangenzeste
Zubereitung – Alle Zutaten in einen Shaker geben, Eiswürfel hinzugeben, 15 Sekunden lang kräftig shaken. Doppelt durch ein Sieb abseihen.

Dieser Cocktail ist eine Hommage an den gleichnamigen Film mit Rudolph Valentino und einer der wenigen, in denen der schwierig zu mixende Orangensaft zum Einsatz kommt. Je nach Scotch schmeckt der *Blood and Sand* leicht rauchig oder weich und edel.

VIEUX CARRÉ
Roggen zum Quadrat

3 cl Rye Whiskey
3 cl Cognac V.S.O.P.
3 cl roter Wermut
0,75 cl Bénédictine
1 Dash Angostura Bitters
1 Dash Peychaud's Bitters

Glas – Coupette
Garnitur – Zitronenzeste
Zubereitung – Alle Zutaten in ein Rührglas geben, ausreichend Eiswürfel hinzugeben, 20 Sekunden lang rühren. Einfach abseihen. Wahlweise auch im Tumbler auf Eis serviert.

Der *Vieux Carré* trägt denselben Namen wie das französische Viertel der Cocktailhochburg New Orleans - und begeistert mit demselben harten, aber herzlichen Vibe. So herb, dass es einen Kennergaumen braucht, diesen Klassiker gebührend zu schätzen.

TEQUILA / MEZCAL
MODERN

BUTTERMILCH MARGARITA
Butter bei die … Margarita!

5 cl Tequila Reposado
3 cl Buttermilch
2 cl Limettensaft
1 cl Zitronensaft
2 cl Agavensirup
1 BL Quittengelee

Glas – Coupette
Garnitur – keine
Zubereitung – Alle Zutaten in einen Shaker geben, Eiswürfel hinzugeben, 15 Sekunden lang kräftig shaken. Doppelt durch ein Sieb abseihen.

Buttermilch und Tequila? Was fragwürdig klingt, überzeugt als frisch verspielter Neoklassiker mit einer feinen Balance aus Säure, Frucht und hintergründiger Eleganz.

OAXACA OLD FASHIONED
Mezcal und Rauch

3 cl Mezcal
3 cl Blanco Tequila
1 cl Agavendicksaft
3 Dashes Fee Brothers Old Fashioned Aromatic Bitters

Glas – Tumbler auf Eis
Garnitur – Orangenzeste
Zubereitung – Alle Zutaten in ein Rührglas geben, ausreichend Eiswürfel hinzugeben, 20 Sekunden lang rühren. Einfach abseihen.

Die Mezcal-Variante des klassischen Old Fashioned lehnt sich gelungen an das Original an. Mezcal wird ausschließlich im mexikanischen Bundesstaat Oaxaca hergestellt, dem dieser Drink seinen Namen verdankt.

PALE RIDER
Ride or Rust

7 cl Manzanilla Sherry
3 cl Jalapeño Tequila › S. 150
0,75 cl Limettensaft
1,5 cl Zuckersirup
3 cl Soda

Glas – Weinglas auf Eis
Garnitur – Salatgurkenstreifen
Zubereitung – Alle Zutaten bis auf das Soda in einen Shaker geben, Eiswürfel hinzugeben, 15 Sekunden lang kräftig shaken. Doppelt durch ein Sieb abseihen und mit Soda aufgießen.

US-Bartender Phil Ward kreierte diesen scharfen Drink im New Yorker *Mayahuel* als Alternative zur berüchtigten Sangria. Ein Neoklassiker, weich und scharf gleichzeitig.

TEQUILA / MEZCAL
KLASSISCH

PALOMA
Taube im Collinsglas

6 cl Tequila Reposado
1,5 cl Limettensaft
6 cl Grapefruit-Limonade

Glas – Collinsglas auf Eis
Garnitur – halbe Grapefruitscheibe
Zubereitung – Tequila und Limettensaft in einem gekühlten Collinsglas mit Salzcrusta anrichten und Eis hinzugeben. Mit Grapefruit-Limonade auffüllen und garnieren.

Neben der Margarita der wohl bekannteste Cocktail Mexicos. Als Limonaden-Alternativen bieten sich *Thomas Henry Ultimate Grapefruit* oder – leicht zu merken – *Paloma* an.

EL DIABLO
Teufel im Detail

6 cl Tequila Blanco
2 cl Crème de Cassis
2 cl Zitronensaft
3 cl Schweppes Barell Ginger Ale

Glas – Tumbler auf Eis
Garnitur – Zitronenscheibe und ein Stück kandierter Ingwer
Zubereitung – Alle Zutaten bis auf das Ginger Ale in ein Rührglas geben, ausreichend Eiswürfel hinzugeben, 20 Sekunden lang rühren. Einfach abseihen und mit Ginger Ale auffüllen.

Rauchiger Tequila, scharfes Ginger Ale, süße Crème de Cassis und saurer Zitronensaft – Victor Bergeron alias »Trader Vic« erwähnt den Highball im Jahr 1946 im *Book of Food and Drink* – seine Herkunft ist bis heute allerdings nicht belegt.

BRANDY / COGNAC
KLASSISCH & MODERN

SAZERAC
Im Absinthmantel

6 cl Cognac (oder Rye Whiskey)
3 Dashes Peychaud's Bitters
2 Dashes Angostura Bitters
1 cl Zuckersirup
1 cl Absinth

Glas – Tumbler
Garnitur – Zitronenzeste
Zubereitung – Glas mit Absinth und Eiswürfeln füllen, beiseitestellen. Restliche Zutaten in ein Rührglas geben, ausreichend Eiswürfel hinzugeben, 20 Sekunden lang rühren. Absinth und Eiswürfel aus dem Glas entfernen und Inhalt aus dem Rührglas in das Trinkglas abseihen.

Der kräftige Cocktail ist das Aushängeschild von New Orleans. Ursprünglich ein Cognac-Drink, hat sich mittlerweile die Version mit Rye Whiskey etabliert.

SIDECAR
Nightflight im Seitenwagen

6 cl Cognac V.S.O.P.
2 cl Cointreau
2 cl Zitronensaft

Glas – Cocktailschale
Garnitur – keine, optional Zuckerrand
Zubereitung – Alle Zutaten in einen Shaker geben, Eiswürfel hinzugeben, 15 Sekunden lang kräftig shaken. Doppelt durch ein Sieb in eine gekühlte Cocktailschale abseihen, optional mit halber Zuckercrusta.

Der auf den ersten Blick unauffällige Cocktail mit Cognac (bzw. Brandy), Triple Sec, Zitronensaft hat als einer der wenigen Klassiker keine amerikanischen, sondern europäische Wurzeln.

INDIAN SUMMER
Französisch-mexikanischer Spätsommer

4 cl Cognac
1,5 cl Mezcal
1 cl The Bitter Truth Pimento Dram
1 BL Agavensirup

Glas – Tumbler auf Eis
Garnitur – Orangenzeste
Zubereitung – Alle Zutaten in ein Rührglas geben, ausreichend Eiswürfel hinzugeben, 20 Sekunden lang rühren. Einfach abseihen.

Der *Indian Summer* vereint die nicht sonderlich häufige Kombination aus Cognac und Mezcal zu einem herausragenden Geschmackserlebnis. Und ist auch noch leicht in der Herstellung.

VODKA / KORN
KLASSISCH & MODERN

VESPER MARTINI
Glückssträhne

6 cl Gin
1,5 cl Vodka
0,75 cl Lillet Blanc

Glas – Cocktailschale
Garnitur – Zitronenzeste
Zubereitung – Alle Zutaten in einen Shaker geben, Eiswürfel hinzugeben, 15 Sekunden lang kräftig shaken und abseihen.

In der Buchvorlage *Casino Royale* bestellt James Bond diese ganz eigene Variante eines trockenen Martini »mit drei Teilen Gordon's, einem Teil Vodka und einem Schuss Kina Lillet«. Seinen Namen verdankt der Drink dem Bond-Girl Vesper Lynd.

RAIN
Goldregen

2,5 cl Rain Spirit › S. 150
2,5 cl Stone Spirit › S. 150
2,5 cl Zitronensaft
1,5 cl Zuckersirup
Soda

Glas – Fizzglas
Garnitur – essbare Wolke
Zubereitung – Alle Zutaten bis auf das Soda in einen Shaker geben, Eiswürfel hinzugeben, 15 Sekunden lang kräftig shaken. Doppelt durch ein Sieb abseihen und mit Soda aufgießen.

Inspiriert von seiner regnerischen Heimatstadt Manchester entwickelte Joe Schofield seinen spektakulären *Rain*, der mit selbst angesetzten Spirits und einer dekorativen essbaren Wolke als trinkbares Kunstwerk durchgeht.

LE GURK
Innovation aus dem Ruhrgebiet

4 cl Vodka (im Original Gin)
1 cl Zuckersirup
2 cl Zitronensaft
2 cl Holunderblütenlikör
4 cl naturtrüber Apfelsaft
1/8 Salatgurke

Glas – Longdrinkglas
Garnitur – Gurkenscheibe
Zubereitung – Gurke, Zitronensaft und Zuckersirup im Shaker muddeln. Restliche Zutaten hinzugeben, mit Eiswürfeln auffüllen und 20 Sekunden kräftig shaken. Doppelt durch ein Sieb in ein gekühltes Longdrinkglas auf Eis abseihen.

Der Drink aus dem Ruhrgebiet ist so simpel wie genial und hat mit seinem Namen die Lacher auf seiner Seite. Im Original mit Gin, haben wir die Vodka-Variante gewählt.

ADONIS
Definierte Stärke

4 cl Sherry Fino
4 cl roter Wermut
2 Dashes Orange Bitters

Glas – Cocktailschale
Garnitur – keine
Zubereitung – Alle Zutaten in ein Rührglas geben, ausreichend Eiswürfel hinzugeben, 20 Sekunden lang rühren. Einfach abseihen.

Zu gleichen Teilen ergeben Sherry und Wermut diesen kräftigen und gleichzeitig gefälligen Drink. Der *Adonis* wurde in den 1880er-Jahren als süßere Variante des *Bamboo* entwickelt.

WHITE NEGRONI
Weißes Rauschen

6 cl Plymouth Gin
3 cl Lillet Blanc
2 cl Suze Likör

Glas – Cocktailschale
Garnitur – Zitronenzeste
Zubereitung – Alle Zutaten in ein Rührglas geben, ausreichend Eiswürfel hinzugeben, 20 Sekunden lang rühren. Einfach abseihen.

Als Bartender Wayne Collins von einem Freund eine Flasche Suze Likör geschenkt bekam, mixte er den Enzianlikör spontan mit Plymouth Gin und weichem Lillet Blanc. Heute zählt diese Negroni-Variante zu den modernen Klassikern.

NORWEGIAN WOOD
Holz und Hammer

3 cl Aquavit
3 cl Applejack (oder Calvados)
2,25 cl roter Wermut
0,75 cl gelbe Chartreuse
1 Dash Angostura Bitters

Glas – Coupette oder Tumbler auf Eis
Garnitur – Zitronenzeste
Zubereitung – Alle Zutaten in ein Rührglas geben, ausreichend Eiswürfel hinzugeben, 20 Sekunden lang rühren. Einfach abseihen.

Jeffrey Morgenthaler bringt das Revival des Aquavits auf den Punkt: Der *Norwegian Wood* kombiniert die Anis- und Fenchelaromen des Aquavits mit der milden Säure des klassischen Applejacks, für die süße Dimension sorgen Wermut und Chartreuse.

SCHAUMWEIN
KLASSISCH & MODERN

OLD CUBAN
Mojito für Fortgeschrittene

4,5 cl dunkler, gereifter Rum
2 cl Limettensaft
2 cl Zuckersirup
2 Dashes Angostura Bitters
6 Minzblätter
6 cl Champagner

Glas – Coupette
Garnitur – Zucker-Vanilleschote › S. 150
Zubereitung – Limettensaft, Sirup und Minze in den Shaker geben und leicht anmuddeln. Rum, Bitters und Eis hinzugeben, shaken und doppelt in das Glas abseihen. Mit Champagner aufgießen.

Audrey Saunders entwickelte diesen harmonischen Drink im Jahr 2002 in ihrem *Pegu Club* in New York. Damals ein innovativer Geniestreich, ist der *Old Cuban* heute zu einem globalen Verkaufsschlager geworden.

PRINCE OF WALES
Thronfolger am Shaker

4,5 cl Rye Whiskey
1 Dash Angostura Bitters
1 walnussgroßes Stück frische Ananas
1/4 BL Maraschino
3 cl Champagner

Glas – Champagnerglas
Garnitur – Zitronenzeste
Zubereitung – Alle Zutaten bis auf den Champagner in ein Rührglas geben, ausreichend Eiswürfel hinzugeben, 20 Sekunden lang rühren. Einfach abseihen. Mit 3 cl Champagner aufgießen und einer Zitronenzeste garnieren.

Albert »Bertie« Edward, Erstgeborener von Queen Victoria war nicht nur Namensgeber dieses Cocktails, sondern auch sein Erfinder. Quellen bestätigen, dass der Thronfolger herausragende Drinks mixte.

AIR MAIL
Guten Flug

3 cl Rum
1,5 cl Limettensaft
1,5 cl Honigsirup
10 cl Champagner

Glas – Champagnerglas
Garnitur – keine
Zubereitung – Alle Zutaten bis auf den Champagner in einen Shaker geben, Eiswürfel hinzugeben, 15 Sekunden lang kräftig shaken. Doppelt durch ein Sieb abseihen. Mit Champagner aufgießen.

Im Grunde ist der *Air Mail* ein klassischer Sour, der mit Champagner aufgegossen wird. Rum und der Schaumwein schicken die Sinne auf einen sanften Höhenflug. Limettensaft sorgt für die frische Brise. Ein Klassiker, der sich einer Wiederentdeckung erfreut.

AMARO / BITTER
KLASSISCH & MODERN

PAPER PLANE
Überflieger

2,5 cl leichter Bourbon
2,5 cl Amaro
2,5 cl Aperol
2,5 cl Zitronensaft

Glas – Coupette
Garnitur – Grapefruitzeste
Zubereitung – Alle Zutaten in einen Shaker geben, Eiswürfel hinzugeben, 15 Sekunden lang kräftig shaken. Doppelt durch ein Sieb abseihen.

Amaro, Aperol und Zitronensaft zu gleichen Teilen runden die Ecken des Bourbons gelungen ab. Mit seiner leichten Frische eignet sich der *Paper Plane* besonders gut als Aperitif.

TIDE POOL
Hebt Grenzen auf

3,5 cl Empirical Spirits Clarence
    & Alabama Blend
2 cl Bitters (Forthave Red)
3 cl Passionsfrucht-Amazake › *S. 150*
3 cl Pétillant Naturel

Glas – Collinsglas
Garnitur – essbare Blüten
Zubereitung – Den Pétillant Naturel in das Glas gießen und Crushed Ice hinzugeben. Die restlichen Zutaten ohne Eis kräftig shaken und auf den Pétillant Naturel abseihen.

Der *Tide Pool* löst die Grenzen von Aromen und Herkunftsländern seiner Zutaten auf. Zu Pétillant Naturel kombiniert er amerikanischen Bitter und selbst angesetzten Passionsfrucht-Amazake nach japanischer Tradition. Ein Drink mit großem Potenzial.

JUNGLE BIRD
Welcome to the Jungle

4,5 cl jamaikanischer Rum
2,25 cl Campari
4,5 cl Ananassaft
1,5 cl Limettensaft
1,5 cl Demerara-Zuckersirup

Glas – Tikimug
Garnitur – Ananasspalte
Zubereitung – Alle Zutaten in einen Shaker geben, Eiswürfel hinzugeben, 15 Sekunden lang kräftig shaken. Doppelt durch ein Sieb abseihen.

Als einer der letzten Ausläufer der Tiki-Welle entstand der *Jungle Bird* gegen Ende der Siebzigerjahre. Neben den klassisch karibischen Zutaten spielt der Campari hier eine überraschende Hauptrolle und schenkt dem Drink eine moderne Komplexität.

OBSTBRAND / KRÄUTER
KLASSISCH & MODERN

PHILADELPHIA FISH HOUSE PUNCH
Ichthyophilie

3 cl Cognac
1,5 cl Jamaikarum
1,5 cl Pfirsich Eau de Vie
3 cl Zitronensaft
2 cl Demerara-Zuckersirup

Glas – Tumbler auf Eis
Garnitur – Zitronenzeste
Zubereitung – Alle Zutaten in einen Shaker geben, Eiswürfel hinzugeben, 15 Sekunden lang kräftig shaken. Doppelt durch ein Sieb abseihen.

Schon George Washington gönnte sich den Drink regelmäßig. Kein Wunder, wurde das bis heute geheime Originalrezept doch in dem Angelclub erfunden, in dem der frühere US-Präsident Mitglied war.

JACK ROSE
Triumvirat

6 cl Laird's Bonded Applejack
2 cl Zitronensaft
2 cl Grenadine

Glas – Cocktailschale
Garnitur – keine
Zubereitung – Alle Zutaten in einen Shaker geben, Eiswürfel hinzugeben, 15 Sekunden lang kräftig shaken. Doppelt durch ein Sieb abseihen.

Der *Jack Rose* wurde nicht als Drink zum Blockbuster *Titanic* erfunden, sondern wird seit über 100 Jahren an den besten Tresen der Welt gemixt. Oft greifen europäische Bars in Ermangelung von Applejack auf Calvados zurück – auch damit gelingt der rötliche Cocktail hervorragend.

LÜBSCHE LUFT
Heimat im Glas

4 cl Kümmel
2 cl Gurkengeist
2 cl Limettensaft
1,5 cl Orgeat
1 BL Naturjoghurt (3,5 %)
Salzlösung (im Zerstäuber)

Glas – Tumbler auf Eis
Garnitur – Limettenzeste
Zubereitung – Alle Zutaten in einen Shaker geben, Eiswürfel hinzugeben, 15 Sekunden lang kräftig shaken. Doppelt durch ein Sieb abseihen und mit einem Sprühstoß Salzlösung einsprühen.

Der zweite Platz der Made in GSA Competition 2019 ging an Natalie van Wyk, die mit Kümmel und Gurkengeist die Aromen Norddeutschlands einfängt. Naturjoghurt sorgt für satte Cremigkeit, Orgeat für feine Süße.

PISCO
KLASSISCH & MODERN

PISCO PUNCH
Punch Drunk Pisco Love

6 cl (peruanischer) Pisco
1,5 cl Lillet Rouge
1,5 cl Limettensaft
2 cl Gomme Syrup (oder Zuckersirup)
5 frische Ananaswürfel

Glas – Sourglas
Garnitur – Orangenzeste
Zubereitung – Ananaswürfel im Shaker muddlen und übrige Zutaten plus Eiswürfel hinzugeben. Etwa 15 Sekunden kräftig shaken und ins vorgekühlte Glas abseihen.

Der *Pisco Punch* hatte eine derart aufputschende Wirkung, dass um das Jahr 1850 in San Francisco ein Gesetz erlassen werden sollte, das jedem Einwohner maximal einen Pisco Punch pro Tag gestattet - vermutlich mixte man den Drink damals mit Kokablättern.

DULCHIN
La Dulchin Vita

6 cl Pisco
1,5 cl Grand Marnier
1,5 cl Apricot Brandy
0,75 cl Rose's Lime Cordial
0,75 cl Grenadine

Glas – Cocktailschale
Garnitur – Orangenzeste
Zubereitung – Alle Zutaten in einen Shaker geben, Eiswürfel hinzugeben, 15 Sekunden lang kräftig shaken. Doppelt durch ein Sieb abseihen.

Laut Cocktailhistoriker Dave Wondrich wurde der *Dulchin* erstmals für den Erben eines gleichnamigen New Yorker Unternehmens gemixt. Dieser wünschte ausdrücklich einen Drink, der weder Rum noch eine Getreidespirituose enthielt. Bingo!

PISCO KID
Here's looking at you, Pisco Kid

6 cl Pisco
2,25 cl Crème de Cacao (weiß)
1,5 cl Sauvignon Blanc
0,75 cl Sherry Fino

Glas – Coupette
Garnitur – Orangenzeste
und weißer Schokoriegel
Zubereitung – Alle Zutaten in ein Rührglas geben, ausreichend Eiswürfel hinzugeben, 30 Sekunden lang rühren. Einfach abseihen.

Inspiriert wurde dieser Drink durch einen TV-Werbespot für den Schokoriegel Milkybar. Die Crème de Cacao interpretiert das Schokothema für das erwachsenere Publikum, Sherry und Sauvignon Blanc setzen trockene wie florale Akzente.

cock | tail | ian, der [engl.]:

Cocktail-Bartender, Person mit einer großen Leidenschaft für Cocktails

www.cocktailian.de

EINE ODE AN

Bereits meine Abschlussarbeit an der Weinakademie in Österreich habe ich über Bourbon geschrieben. Diese Arbeit habe ich dann in drei Jahren neben meinem Beruf als Bartender und der Organisation der Cocktailtage in Kärnten zu einem Buch über den amerikanischen Whiskey ausgebaut.

Insgesamt fasziniert mich an Whiskey der große kulturelle Hintergrund. Im Falle des amerikanischen Whiskeys reicht er bis ins 18. Jahrhundert zurück und stand immer in direktem Zusammenhang mit politischen und historischen Ereignissen, sei es der Prohibition, den Weltkriegen oder Unabhängigkeitsbewegungen. Außerdem ist die Produktionsweise weder rein industriell noch handwerklich, sondern irgendwo dazwischen.

Ein guter Whiskey sollte Komplexität und Länge mitbringen und keine Fehltöne aufweisen. Aber letztlich hängt es immer davon ab, wofür er gebraucht wird und wer ihn trinkt. Ich habe zum Beispiel kein Problem damit, einen 50- bis 60-prozentigen Whiskey zu trinken, weil mein Gaumen daran gewöhnt ist. Im Gegensatz zu anderen Kollegen bin ich auch kein Sammler, obwohl Whiskey eine gute Geldanlage sein kann. Was ich im Keller habe, das nutze ich vor allem für Veranstaltungen. Privat brauche ich das nicht zu Hause. Ich würde mir nie zu Hause einen Cocktail mixen, das ist mir viel zu aufwendig. Da gehe ich lieber in eine Bar.

Ein Drink, den ich sehr häufig empfehle, ist der MORNING GLORY FIZZ: schottischer Whisky, Zitrone, Zucker, Eiweiß und dann geschüttelt mit ein wenig Absinth. Es ist ein guter Drink, um die Leute zu überraschen, mit einer trotzdem sehr klassischen Struktur. Ich selbst trinke gerne MANHATTAN, das ist einfach ein zeitloser Klassiker, der immer funktioniert.

Die Zukunft des amerikanischen Whiskeys wird durch den aktuellen EU-Handelskonflikt mit den USA sicherlich nicht einfach werden, und auch der Brexit hat Auswirkungen auf die Produktion in Schottland. Der irische Whiskey könnte von diesen Entwicklungen profitieren, während Whiskeys aus dem GSA-Raum nach meiner Prognose eher Nischenprodukte bleiben werden.

•

MORNING GLORY FIZZ

6 cl Scotch Whisky
3 cl Zitronensaft
2 cl Zuckersirup
3 Dashes Absinth
1 Eiweiß
1 Spray Absinth

Glas – Fizzglas (ohne Eis)
Garnitur – keine
Zubereitung – Alle Zutaten in einen Shaker geben und shaken. Danach ausreichend Eiswürfel hinzugeben, noch einmal shaken und abseihen. Mit einem Spray Absinth versehen.

»American Whiskey stand immer in Zusammenhang mit historischen Ereignissen, sei es der Prohibition, den Weltkriegen oder Unabhängigkeits-bewegungen.«

Thomas Domenig ist Bartender im Freiburger One Trick Pony, organisiert die Cocktailtage in Kärnten und hat mit dem Buch »Bourbon – Ein Bekenntnis zum amerikanischen Whiskey« ein dickes Buch über seine Lieblingsspirituose geschrieben.

EINE ODE AN

»Tequila ist nichts für einen lauschigen Abend im Ohrensessel. Sein Rausch hat Feuer und putscht auf.«

Johannes Möhring ist Barbetreiber und führt gemeinsam mit Kollegen The Kinly Bar in Frankfurt, das Ménage in München sowie die Amo Bar in Berlin.

Ich wuchs auf dem Land im Allgäu auf. Mein Spirituosen-Horizont war mit Vodka, Asbach Uralt, Bacardi und Jack Daniel's erschöpft. Aber bestimmt hat damals, mit 16, auch jemand diese Flasche mit dem Sombrero-Hut mitgebracht. Dieses nach Klebstoff schmeckende Zeug haben wir uns dann im schlimmsten Fall mit Salz und Zitrone heruntergewürgt. Dass ich mich nicht mehr genau an meine erste Begegnung mit Tequila erinnere, hat also seine Gründe.

Richtig ernsthaft habe ich mich vor etwa sechs oder sieben Jahren mit Tequila beschäftigt. Es war also eine Liebe auf den zweiten Blick, ich musste mich erst ein bisschen »ransaufen«. Tequila ist ganz selten eine glatte Spirituose wie Gin oder Rum. Er hat einen sehr eigenen Geschmack, den man überall herausschmeckt. Er ist charakterstark und bissig, vergleichbar mit einer Partnerin, die ihren eigenen Standpunkt hat und mit der man sich auch mal fetzen kann. Das macht ihn nicht so leicht mixbar, denn man schmeckt ihn immer raus.

Deswegen gibt es auch wenige Cocktail-Klassiker mit Tequila. Mit PALOMA und MARGARITA in all ihren Formen und Auswüchsen ist eigentlich schon Schluss. Ich habe in den letzten Jahren neue Sachen ausprobiert, beispielsweise haben wir Tequila und Himbeeren im Rotationsverdampfer destilliert. Heraus kam ein Himbeerdestillat auf Tequila-Basis: Der Tequila-Geschmack ist schon noch da, aber deutlich gezähmt. Das Ganze nennt sich dann QUEEN CLEAR, weil ein klares Getränk dabei herauskommt. Wenn bei uns in der Bar jemand seinen Tequila pur mit Salz und Zitrone bestellt, setzen wir ihn aber auch nicht vor die Tür.

Tequila ist nichts für einen lauschigen Abend im Ohrensessel vor dem Kamin und eignet sich auch nicht als Absacker. Sein Rausch hat Feuer und putscht auf. In einer Partynacht ist er der richtige Drink kurz vor dem Höhepunkt. Tequila will mit Freunden genossen werden und ist eine unheimlich kommunikative Spirituose, das liebe ich an ihm.

Bei Tequila gibt es lange nicht eine solche Vielfalt wie zum Beispiel bei Rum, da er nur in der Region um die gleichnamige Stadt in Mexiko angebaut werden darf. Dadurch gibt es wenig Innovation. In den letzten Jahren kann man aber beobachten, dass es wieder mehr Handarbeit gibt, zugleich entwickelt sich in Europa ein Markt für hochpreisigen Tequila. Sehr überzeugend finde ich zum Beispiel Tequila Fortaleza. Da ist alles handgemacht, vom Tequila über die Flasche bis zum Korken. Im Herbst fliege ich nach Mexiko und sehe mir die Produktion vor Ort an.

•

QUEEN CLEAR

5 cl Tequila Redestillat mit Himbeeren und Olivenöl
2 cl Riesling Verjus
1 cl geklärter Limettensaft
1,5 cl Zuckersirup

Glas – Coupette
Garnitur – keine
Zubereitung – Alle Zutaten in ein Rührglas geben, ausreichend Eiswürfel hinzugeben, 30 Sekunden lang rühren. Einfach abseihen.

LONGDRINKGLAS - FERM LIV NG

TUMBLER - NORMANN COPENHAGEN

GLÄSER

Das Auge trinkt mit: Qualität, Aussehen und Praktikabilität gehen Hand in Hand. Bartender kühlen Gläser im Gefrierfach vor, um Cocktails länger frisch zu halten.

COUPETTE — In der Cocktailschale serviert man alle Cocktails, die ohne Eis ins Glas kommen – und auch mal einen Martini.

TUMBLER — Ob Old Fashioned, pure Spirituose oder gar als Longdrinkglas-Ersatz – der Allrounder unter den Gläsern.

LONGDRINK — Zu Spirituose und Filler sollte sich im Glas für Longdrinks und Highballs noch genügend Eis gesellen können.

GLÄSER - FFERRONE DESIGN

EIS

Oft auf seine Funktion zum Kühlen der Drinks reduziert, ist das Eis maßgeblich für die aromatische Verbindung verschiedener Zutaten verantwortlich.

EISWÜRFEL — Der Alleskönner unter den Eisformen. Je kleiner, desto weniger Dichte, desto mehr Schmelzwasser, lautet die Regel.

EISKUGEL — Ob der geringen Oberfläche eignen sich Eiskugeln perfekt für Drinks, die weniger Schmelzwasser vertragen.

EISBLOCK — Aus einem Eisblock lassen sich alle möglichen Formen brechen und schnitzen, auch Diamanten.

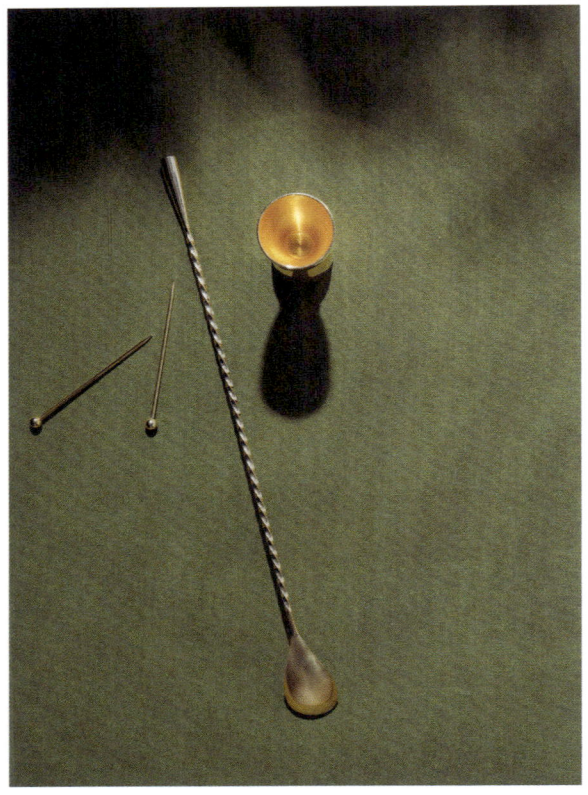

PIEKER / BARLÖFFEL / JIGGER - BONZER

BARWERKZEUG

Natürlich braucht man kein spezielles Barwerkzeug, um einen Cocktail zuzubereiten. Fraglos werden die Drinks damit aber besser gelingen.

BARLÖFFEL — Zum Verrühren der Spirituosen oder als Barmaß unerlässlich.

STRAINER — Ein Barsieb verhindert, dass Eis und feste Bestandteile aus dem Shaker in den Cocktail gelangen.

JIGGER — Der Messbecher ist zum Einhalten der richtigen Mischungsverhältnisse unverzichtbar.

SHAKER — Die richtigen Zutaten im richtigen Verhältnis zu vermischen, ist eine Kunst, der Shaker die Muse.

RÜHRGLAS — Im Rührglas werden die Drinks kalt gerührt, die nur aus Spirituosen bestehen.

PIEKER — Kein Barwerkzeug, aber ein unverzichtbares Tool, um Garnituren am Glasrand zu befestigen.

ZITRUS

Ob frisch gepresster Saft oder aromatische Zeste — kaum ein spritziger Drink ohne die raumerfüllenden, betörenden Aromen reifer Zitrusfrüchte. Am besten unbehandelt in Bio-Qualität.

ZESTE — Die aromatischen Öle der Zitrusschalen legen sich gekonnt auf den Drink und verteilen sich in der Luft.

SAFT — Das Qualitätsmerkmal hochwertiger Bars sind frisch gepresste Säfte. Sie machen einen Sour zum Sour, einen Fizz zum Fizz.

GARNITUR — Wenn nicht im Drink oder am Drink, dann oftmals davor oder daneben.

ZITRUS ...

... IS ...

... KING!

JALAPEÑO TEQUILA

2 Japapeños
1,5 Tassen Tequila Blanco

Jalapeños der Länge nach aufschneiden und die Kerne mit Zwischenhäuten in ein Glasgefäß geben. Die Schoten zur sonstigen Weiterverarbeitung aufheben. Den Tequila auf die Kerne und Zwischenhäute gießen und 10 bis 20 Minuten (je nach Schärfe) infusionieren, dann abseihen und abfüllen. Der Jalapeño Tequila ist bei Zimmertemperatur bis zu einem Monat haltbar.

PASSIONSFRUCHT AMAZAKE

1 Tasse weißer Reis
2 Tassen Wasser
2 Tassen Koji
3 Passionsfrüchte

Reis und Wasser in einem mittelgroßen Topf zum Kochen bringen. Bei niedriger Hitze 50 Minuten köcheln lassen. Anschließend den Reis auf 60 °C abkühlen lassen und mit dem Koji in ein sterilisiertes Einweckglas mit großer Öffnung geben. Die Mischung 10 bis 14 Stunden mit 60 °C heißem Wasser im Cooler ziehen lassen. Nach 10 Stunden kosten und bei noch nicht erreichter Wunschsüße länger ziehen lassen. Dann das Glas abkochen, um die Fermentation zu stoppen. Die Mischung mit dem Fruchtfleisch der drei Passionsfrüchte pürieren, durch einen feinen Strainer in ein verschließbares Gefäß abseihen und kühlstellen.

ZUCKER-VANILLESCHOTE

Vanilleschoten aufschneiden und auskratzen (das Vanillemark aufheben – es lässt sich hervorragend zur Herstellung von Vanillesirup nutzen). Die Schoten der Länge nach halbieren, in ein Glas mit Zucker geben und mindestens eine Woche ziehen lassen. Neben den Zucker-Vanilleschoten entsteht gleichzeitig ein milder Vanillezucker.

SALZLÖSUNG

4 Teile Wasser
1 Teil Salz

Salz in Wasser geben und bis zum Auflösen rühren.

RÖST-ARTISCHOCKEN-CYNAR

2 ganze gegrillte Artischocken
0,7 l Cynar

Artischocken und Cynar zusammen für zwei Stunden bei 60 °C im Sous-vide ziehen lassen, dann abseihen und abfüllen.

BLACK-GARLIC-SIRUP

1 Knolle schwarzer Knoblauch (Schale für den Bitter aufheben)
500 ml gefiltertes Wasser
1 kg Zucker

Alle Zutaten gut vermengen und im Sous-vide für eine Stunde bei 60 °C köcheln lassen. Filtern und in Flaschen füllen. Bartender Paulo Gomes verwendet ein Brix-Messgerät für die Süße, der optimale Wert liegt hier bei 60 °Brix.

GEKLÄRTER UND REKTIFIZIERTER ZITRONENSAFT

1 l frisch gepresster Zitronensaft
1 ml Pectinex

Im Kühlschrank kaltstellen. Dann in der Zentrifuge auf Highspeed für mindestens 20 Minuten behandeln. Filtern und den pH-Wert messen. Den Wert mit Zitronensäure auf 2,3 rektifizieren.

BLACK GARLIC SKIN BITTERS

1 Flasche Aromatic Bitters
Schale von einer Knolle schwarzem (fermentiertem) Knoblauch

Die Zutaten in einem Vakuumbeutel versiegeln und für mindestens eine Woche als Infusion ziehen lassen (oder eine Stunde bei 52 °C im Sous-vide-Bad).

RAIN SPIRIT

100 g geschälte Rote Bete
1 l Vodka

Die Rote Bete mit 10 cl Vodka im Thermomix blenden. Restlichen Vodka hinzugeben und im Rotationsverdampfer 50 Minuten (102 Mbar; 50 °C Wasserbad-Temperatur; 80 rpm) konzentrieren.

STONE SPIRIT

1 l Vodka
10 g weiße Tonerde (Kaolin)

Kaolin in den Vodka einrühren und gut vermengen. 30 Minuten ziehen lassen und durch einen feinen Filter abseihen.

VODKA (Olive-Oil-Washed)

6 cl Olivenöl
1 l Vodka

Vodka und Olivenöl mischen und über Nacht im Kühlschrank ziehen lassen. Durch ein Passiersieb abseihen.

SCHWARZER-PFEFFER-TINKTUR

1 l hochwertiger Neutralsprit
1 Tasse schwarzer Pfeffer

Schwarzen Pfeffer im Stoffsäckchen vier Stunden lang in Neutralsprit ziehen lassen. Durch ein feines Tuch abseihen.

INFUSION MIT SCHINKENSPECK

4,5 cl Schinkenspeck
75 cl Bourbon

Schinkenspeck auf kleiner Flamme in einer kleinen Pfanne erhitzen. Etwa fünf Minuten unter ständigem Rühren schmelzen. Das geschmolzene Fett und 75 cl Bourbon in ein großes, reaktionsneutrales Gefäß geben und verrühren. Nach vier Stunden für zwei Stunden in den Kühlschrank stellen. Das erstarrte Fett abschöpfen, den Bourbon durch ein feines Tuch filtern und in eine Flasche abfüllen.

16 SPIRITUOSEN

Wenn man seiner Hausbar feine Destillate verpassen möchte, kommen hier Empfehlungen, mit und ohne Siegel. Für Sammler, Genießer, Cocktailenthusiasten und solche, die sich noch heran-TASTEN möchten.

ELEPHANT GIN
GIN

Elephant Gin verarbeitet afrikanische Botanicals wie Boabab und Buchu, aber auch würzige Pimento-Beeren und frische Äpfel deutscher Herkunft. Das Ergebnis ist eine einzigartige Zusammensetzung an Aromen, die man sich auch aus einem anderen Grund in die Heimbar stellen kann: 15 Prozent vom Erlös jeder Flasche gehen an Stiftungen in Afrika, die sich für den Schutz des Afrikanischen Elefanten einsetzen.

0,5 l / ca. 35 € / 45 % Vol. — **MTF Very Good**

SAZERAC RYE
RYE

Ein Klassiker, dessen Name an den offiziellen Drink von New Orleans erinnert. Balanciert und komplex, begeistert die Aromenfülle aus Getreide, kandierten Früchten, Gewürzen und Sternanis. Der Alkohol ist harmonisch eingebunden und mündet in ein kraftvolles Finish mit floralen und fruchtigen Noten sowie einem Hauch Süßholz. Frische trifft Würze und herrliche Holznoten.

0,7 l / ca. 65 € / 45 % Vol. — **MTF Excellent**

BOOKER'S SMALL BATCH BOURBON
BOURBON

Booker's Small Batch Bourbon hat eine tiefe Bernsteinfarbe mit dem Aroma von Eiche, Vanille und rauchiger Holzkohle. Die Batches haben durch die Lagerung meist einen Alkoholgehalt von über 60 % Vol. Booker's ist vollmundig und komplex, im Geschmack intensiv und fruchtig mit Essenzen von Tannin und Tabak. Ein Fass-Bourbon, der sich gut pur oder auch in einem klassischen Old Fashioned macht.

0,7 l / ca. 65 € / 63 % Vol.

GLENROTHES 12
SINGLE MALT

Das markante bauchige Flaschendesign ist geblieben, die Soleo-Kollektionen ersetzen die Vintage-Abfüllungen des Hauses. Wie der Duft verrät, reifte dieser Speyside Single Malt ausschließlich in Sherryfässern. Das Aroma ist bestimmt von Vanille, Karamell, Shortbread und Holz, dazu kommen Noten von Rosinen, Schokolade, Madeira, Zimt und Melone, die diesen Whisky zu einem perfekten Einsteiger machen.

0,7 l / ca. 42 € / 40 % Vol. — **MTF Excellent**

FORTALEZA BLANCO
TEQUILA

Der Ururgroßvater des Fortaleza Tequilas Don Cenobio hat als Erster festgestellt, wie gut sich die Blaue Weber-Agave für den Mezcal de Tequila eignet, und gründete seine Destillerie bereits im Jahre 1873. Noch heute wird der Tequila auf traditionelle Weise hergestellt. Reich an Aromen von Zitrus, gekochter Agave, Vanille und etwas erdigen Noten mit einem langen, komplexen Abgang, ist der Fortaleza für den Purgenuss oder die klassische Margarita bestens geeignet.

0,7 l / ca. 48 € / 40 % Vol. — **MTF Good**

MEZCAL ATENCO ESPADIN
MEZCAL

Aus dem malerischen Dörfchen San Juan del Rio in Oaxaca stammt dieser Mezcal, der seit 2005 produziert wird. Dreifach destilliert, besticht er durch eine kräftige Süße und Noten von Karamell, Menthol und Grapefruit. Am Gaumen kommt eine schöne Rauchnote hinzu, die in einen herrlich langen, leicht pfeffrigen Abgang mündet. Jedes Jahr werden nur rund 3.000 Flaschen produziert.

0,7 l / ca. 49 € / 45 % Vol. — **MTF Very Good**

MANCINO VERMOUTH SECCO
WERMUT TROCKEN

Mancino Vermouth Secco ist ein relativ junges Produkt, kreiert von Bartender und Consultant Giancarlo Mancino. 19 Kräuter und Gewürze werden in der Basis aus Trebbiano-Weinen verarbeitet und ergeben farblich ein helles Gold, aromatisch warten intensive Kräuternoten von Wermut, Lavendel, Rose und Salbei. Ein angenehm trockener Wermut, der den Gaumen mit einer balancierten Vielfalt aus floralen und Kräuternoten umspielt.

0,75 l / ca. 20 € / 18 % Vol. — **MTF Very Good**

LA QUINTINYE
WERMUT ROT

Benannt nach Jean-Baptiste de la Quintinye, einem Kräutergelehrten des 17. Jahrhunderts, basiert der Wermut auf dem Likörwein Pineau des Charentes, der neben Wein auch Cognac enthält. Dazu kommen 28 Botanicals. Farblich kommt der Wermut in Braun mit leicht rötlichem Stich, das eine Kräuternase nach Estragon, Thymian, Anis und Rosmarin freigibt. Dezente Schärfe im Auftakt, dann herrlich komplex mit Würzigkeit, leichter Bitterschokolade und einem faszinierend langen Nachhall.

0,75 l / ca. 20 € / 16 % Vol. — **MTF Excellent**

SCHLADERER SCHWARZWÄLDER KIRSCHWASSER
OBSTBRAND

Sechs Generationen Familientradition im Breisgau – dafür steht Schladerer als Traditionsmarke. Vollmundig präsentieren sich reife Kirscharomen, gut eingebunden in ein solides Alkoholgerüst. Abwechslungsreich und intensiv mundet das Kirschwasser dank wohlbalancierter Kombination aus Süße, Bittere und Säure. Saftig und trocken zugleich.

0,7 l / ca. 20 € / 42 % Vol. — **MTF Very Good**

PLANTATION XAYMACA
RUM AGED

Xaymaca, das ist der arawakische Name für Jamaika, und genau dorthin tragen uns die Aromen von Vanille, schwarzer Banane und flambierter Ananas dieses fruchtig-floralen Pot-Still-Rums. Der kräftig-trockene Tropfen wird ohne Zuckerzusatz hergestellt, was ihm eine besondere Charakteristik beschert. Ein Tribut an die intensiven Aromen jamaikanischer Destillate und den legendären »Rum Funk«, dessen Wurzeln im 19. Jahrhundert liegen. Wie einen Whisky mit einem Tropfen Wasser oder als Old Fashioned genießen.

0,7 l / ca. 30 € / 43 % Vol.

BANKS 5 ISLANDS CARIBIC RUM
RUM WHITE

Dieser exotische Rum-Blend von den fünf karibischen Inseln Trinidad, Jamaika, Guyana, Barbados und Java ist ein großartiger Rum für Cocktails. Der Banks-Daiquiri ist frisch, cremig und balanciert, leicht kantig und bringt deutliche Töne von Banane, Ananas und Mandel mit. Eine Hommage an Sir Joseph Banks, der als Naturwissenschaftler die Botanik des Südpazifiks erforschte. Trotz Lagerung schimmert das feine Destillat durchsichtig, die goldene Farbe wurde durch Kohlefiltration entzogen.

0,7 l / ca. 30 € / 43 % Vol. — **MTF Very Good**

FREIMEISTERKOLLEKTIV AMARO
AMARO

Theo Ligthart erarbeitet mit Kleinbrennern und Bartendern feinste Destillate. Der Amaro, ein feiner Kräuterlikör auf der Basis von Wermut, Chinarinde, Pomeranze und Pfirsich, stammt von Destillateur Thomas Neubert und dem Berliner Bartender Oliver Ebert. Frische Zitrusaromen und fruchtige Bitterkeit machen sich gut als Aperitif pur auf Eis oder im Cocktail.

0,5 l / ca. 18 € / 28 % Vol.

SUPERIOR HANDCRAFTED DEUTSCHE SPIRITUOSEN MANUFAKTUR
DOPPELKORN

Fünf alte Weizensorten aus der Kraichgauer »Kornkammer« Deutschlands namens Einkorn Weizen, Emmer Weizen, Khorasan Weizen, Waldstaudenroggen und Blue Velvet Urdinkel machen aus diesem Doppelkorn ein anspruchsvolles Destillat mit feinen Fruchtaromen und herzhaften Noten von Brot und Nuss. Als sogenanntes Herrengedeck mit einem kräftigen Bier oder als moderne Mule-Variante zu genießen.

0,35 l / 29 € / 38 % Vol.

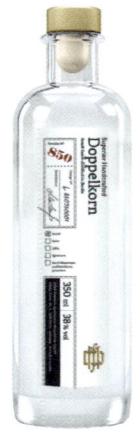

BOURGOIN
COGNAC

Seit 1933 produziert die Familie Bourgoin in Tarsac, einem Städtchen in der Charente, ihren Cognac, im Moment hat Frédéric Bourgoin das Zepter in der Hand. Sein Motto: kein Blending, keine Filterung und keine Beigabe von Zusätzen. »Microbarrique« steht dafür, ausschließlich XO-Cognac zu verwenden, der älter als 20 Jahre ist. Ein subtiler, authentischer Cognac.

0,35 l / ca. 58 € / 43 % Vol.

PISCO VIÑAS DE ORO
PISCO

Nach wie vor steht der Pisco Sour als Schlüsselcocktail für Pisco Pate. Das Traubendestillat ist hauptsächlich als Nationalgetränk von Peru und Chile bekannt. Mit dem Pisco Viñas de Oro, einem Jahrgangs-Pisco aus Peru, kann man nichts falsch machen. Pur oder im Cocktail punktet er mit dezentem Bukett von Ananas, Pfirsich und Limafrucht, abgerundet von Honig und Toffee.

0,7 l / ca. 35 € / 40 % Vol.

SEEDLIP
ALKOHOLFREI

Neuerdings haben Gastgeber auch alkoholfreie Destillate im Barschrank, derer es mittlerweile einige gibt. Ein Pionier dieser Bewegung ist Seedlip mit seinem einprägsamen Slogan »Was man trinkt, wenn man nicht trinkt«. Der Seedlip Garden ist eine florale Mischung aus Erbsen, Rosmarin, Minze, Heu und Thymian, den man wie Gin oder Vodka trinkt. Nur eben ohne Rausch.

0,7 l / ca. 30 € / 0 % Vol.

Alle zwei Monate kommen etwa zehn Bartender, Fachhändler und Sommeliers zusammen und verkosten in einer strengen Blindverkostung Spirituosen. Wir haben dem MIXOLOGY Taste Forum, einem der wichtigsten unabhängigen Bewertungsgremien in Deutschland, über die Schulter geschaut und mit den Empfehlungen aus der Redaktion vervollständigt. Geprüfter Trinkgenuss also garantiert.

— MIXOLOGY.EU

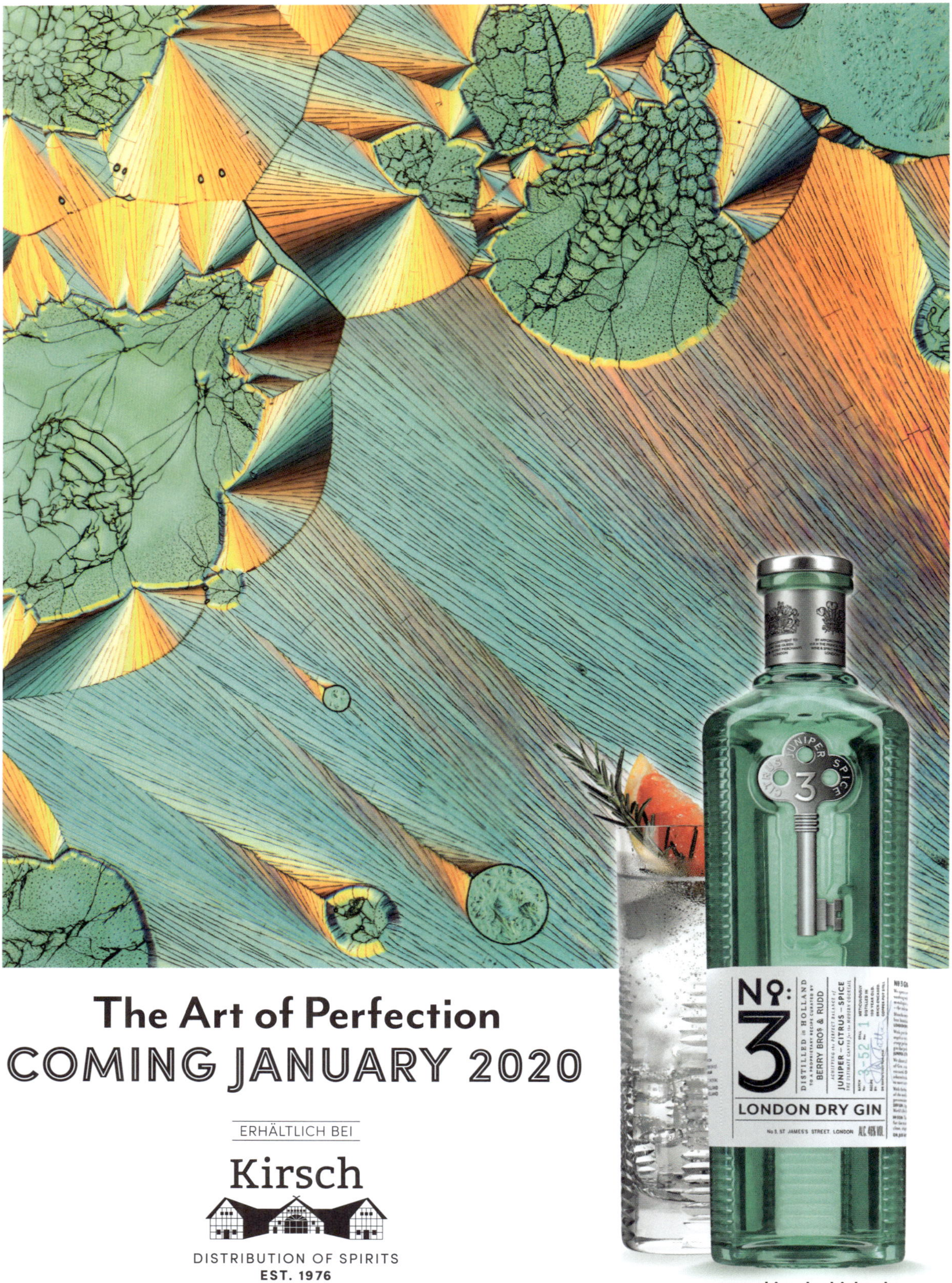

BARS BARS BARS

Haben wir es eigentlich schon erwähnt?
An dieser Stelle geht es um Bars.
Eine Rundreise zu den besten Locations
in Deutschland, Österreich und der Schweiz.

VERSTECKT & BESONDERS

SPEAKEASY BARS

Die Bar, die man nicht sieht. Versteckt hinter Telefonzellen, geheimen Türen oder dekorierten Schaufenstern, die in die Irre führen, ist das Speakeasy immer da, direkt vor den Augen, den Blicken verborgen. Ein Ort, der gefunden werden will, aber nur von denen, die ihn wirklich suchen. Hier stolpert man nicht zufällig hinein. Es ist die Bar, in die man geht, um zu sehen, und nicht, um gesehen zu werden. Eine Parallelwelt, mal verkleidet im Prohibitionskostüm, mal als botanischer Garten, mal als minimalistisches Labor. Diese Orte entziehen sich bewusst der Flüchtigkeit und dem raschen Konsum. Zeit wird außer Kraft gesetzt, indem man sie sich nimmt. Aber zuerst klingeln oder das Passwort nennen oder durch den Spiegel treten. Wie Alice. Dahinter wartet Magie.

Vorbei an den Toiletten, findet man sich bald vor einem großen Spiegel wieder — zur Linken ein Raum für das Personal, zur Rechten der Feueralarm.

TRUFFLE PIG

Im Truffle Pig ist Speakeasy echt und unaufdringlich. Kaum jemand ahnt, dass hinter der Spiegelwand im Hinterzimmer einer gemütlichen Kiezkneipe mit gutem Whisky und feinem Bier ein exquisiter Cocktailtresen lauert. Wer den Ferkel-Fußspuren folgt, wird fündig. Die Drinks sind, wie Neukölln auch, nicht hochpoliert, dafür extrem kreativ.

Reuterstraße 47
D - 12047 Berlin
— trufflepigberlin.de

SPEAKEASY BARS

THE GRID, KÖLN

THE GRID

Stimmungsvolles Licht und warme Farben zum minimalistischen Interieur sind genauso perfekt abgestimmt wie die Cocktails. Hier wandern Blüten, Kräuter, Gemüse und Obst zu entspannter Musik und warmer Gastfreundschaft in den Shaker.

Friesenstraße 62
D - 50670 Köln
— thegridbar.de

GIN & JULEP

Hinter einer Telefonzelle, die als Einlasstür dient, warten zahlreiche Gin & Julep-Kreationen und natürlich noch viel mehr. Wer den Hörer abnimmt und die Eins wählt, wird hereingelassen und darf dann einen der auf die jeweilige Jahreszeit abgestimmten Drinks genießen.

Bindergasse 12
D - 90403 Nürnberg
— ginandjulep.de

TÜR 7

Ein Steintresen, kreative Bartender und die sechs bequemsten Barhocker der Stadt warten hinter der Tür 7 darauf, entdeckt zu werden. Wie zu Hause bei Freunden lädt das gemütliche Ambiente zum Verweilen ein. Dabei helfen neben den Hausschuhen auch die großartigen Cocktails und, wenn der kleine Hunger kommt, ein Steak Tartar.

Buchfeldgasse 7
A - 1080 Wien
— tuer7.at

VERSTECKT & BESONDERS

Speakeasy beim Interior: gerade so viel Licht, wie es eben braucht, um einen Drink herzustellen.

LE LION, HAMBURG

ALTBAU BAR, BERLIN

ALTBAU BAR

Die Altbau Bar hat sich an die klassischen Speakeasy-Regeln gehalten: samtene Vorhänge, dazu Backstein, eine marmorne Bar und nur so viel Licht, wie es braucht, um einen Drink herzustellen. Es gibt Klassiker und Saisonales, abgeschmeckt mit Street Art und floralen Installationen, sowie Küche aus dem benachbarten Rose Garden.

Linienstraße 41
D - 10119 Berlin
— rosegarden.de

BUCK & BRECK

An diesem gut getarnten Ort verschwimmen die Grenzen zwischen Gast und Bartender am Tresen, der keiner ist. Gonçalo de Sousa Monteiro hat einen Rückzugsort in der lauten Mitte Berlins erschaffen und serviert kurze, prägnante, hochqualitative Klassiker.

Brunnenstraße 117
D - 10119 Berlin
— buckandbreck.com

LE LION

Seit Jahren konstant, ohne stehen zu bleiben, zelebriert das Le-Lion-Team um Joerg Meyer Barkultur in seiner feinsten Form. Sei es durch die diskrete Atmosphäre, den Hamburger Charme oder die Cocktail-Kreationen des routinierten Teams – der Löwe thront wie eh und je an der Spitze der deutschen Barwelt.

Rathausstraße 3
D - 20095 Hamburg
— lelion.net

SPEAKEASY BARS

Irgendwo zwischen Bahnhof und Rotlicht versteckt sich eine der führenden Bars des Landes.

DRIPBAR, HAMBURG

DRIPBAR

In der dripBAR werden Cocktails mittels Slow-Drip-Verfahren infusioniert. Was ein wenig nach Labor klingt, ergibt erst richtig Sinn, wenn man an dem Tresen der gemütlichen Bar Platz nimmt und einen der komplexen Cocktails verkostet. Mit oder ohne Kaffee.

Antonistraße 4
D - 20359 Hamburg
— dripbar.de

THE CHAPEL

Eine geheime Bilderwand führt vom Mozart's in die Kirche. The Chapel gibt sich versteckt und mit Beichtstuhl, samtenen Sitzen und schwarz geflämmten Wänden auch ganz dem Namen entsprechend. Franz Unterrainer und sein Team servieren dazu passend die zehn Gebote und sieben Todsünden.

Haidmannsgasse 8
A - 1150 Wien
— mozartsvienna.com

THE KINLY BAR

Irgendwo zwischen Bahnhof und Rotlicht versteckt sich eine der seit ihrer Eröffnung führenden Bars des Landes. Kühne Aromenexperimente treffen auf lässige Attitude. René Soffner, Michele Heinrich & Co. sind als »Kinly Boys« mittlerweile ein stehender Begriff. Das schaffen nicht viele Bars.

Elbestraße 34
D - 60329 Frankfurt am Main
— kinlybar.com

VERSTECKT & BESONDERS

THE KINLY BAR, FRANKFURT

TALES BAR, ZÜRICH

JIGGER & SPOON

Das Jigger & Spoon hat sich als eine der führenden Bars des Landes etabliert. Nicht nur, aber auch wegen seiner spektakulären Lage unterhalb der Erde in einem früheren Tresorkeller. Die Bar selbst ist elegant und behaglich, setzt auf edle Materialien und einen diskreten Charme, bleibt dabei dennoch casual und zugänglich.

Gymnasiumstraße 33
D - 70174 Stuttgart
— jiggerandspoon.de

TALES BAR

Ob zum Aperitif oder zum Absacker für Nachtschwärmer – die Tales Bar ist zu jeder Zeit ein gemütliches Cocktail-Wohnzimmer. Bei elegant-schlichtem Flair erwecken Wolfgang Bogner und Michel Kurtze mit malerischen Geschichten nicht nur klassische Rezepturen zum Leben.

Selnaustrasse 29
CH - 8001 Zürich
— tales-bar.ch

MIAD BAR

Der wohl wunderbarste Karlsruher Cocktail-Ort könnte so auch in New York oder London stehen. Doch er muss erst mal gefunden werden – denn die Miad Bar versteckt sich gut. Am Tresen dann kosmopolitische Atmosphäre, bei der man leicht ins Gespräch kommt. Speakeasy bedeutet, dass der Alltag draußen bleibt - hier in Reinkultur.

Waldstraße 30
D - 76133 Karlsruhe

ELEGANT & ERFINDERISCH

HOTEL BARS

Die Bar, die verbindet. Hier wurde die *American Bar* – die moderne Cocktailbar – geboren, gefüttert und erzogen. Danach hat sie sich aus den Hotellobbys aufgemacht in die weite Welt, sich dabei tausendfach neu erfunden und in bunte Kaleidoskope zersplittert. Die Hotelbar hat ihren wilden Zögling beobachtet, ruhig, ein wenig in Vergessenheit geraten. Währenddessen hat sie ihre Klassiker behütet und gepflegt. Nun kehren alle wieder zu ihr zurück, und die Hotelbar erwartet sie mit offenen Armen: Ihre Tresen sind Begegnungsstätten zwischen Gästen, sind lebendiges Herz und kräftiger Pulsschlag des Hauses, sind moderner Brückenschlag zwischen Hotel und Stadt. Offener und einfallsreicher denn je, symbolisieren sie eine neue Ära lässiger Eleganz.

ELEGANT & ERFINDERISCH

»Offener und einfallsreicher denn je, stehen Hotelbars für eine neue Ära lässiger Eleganz.«

ORY BAR / MANDARIN ORIENTAL

In der Ory Bar ist das Interieur so Avantgarde wie die Drinks des Barteams. Internationales Soulfood wird zu experimentellen Cocktail-Kreationen gereicht, die Atmosphäre ist lässig und unbeschwert. So gehen hochwertige Hotellerie und moderne Cocktailbar.

Neuturmstraße 1
D – 80331 München
— ory.bar

GEKKOS, FRANKFURT

KARL MAY BAR

In klassischem Ambiente aus Leder und Eiche träumen die Gäste von der Heimat oder, wie Karl May, vom Wilden Westen. Passend dazu stehen ausgesuchte Whisk(e)ys auf der Karte, aus denen selbst entwickelte Cocktails und Klassiker entstehen. Dresdener Urgestein.

Kleine Brüdergasse 5-3
D - 01067 Dresden
— bit.ly/karl-may-bar

CAPELLA

Edle Hölzer, elegante Sessel und ein exotisches Dekor im Zebra-Look nehmen den Gast mit auf Genuss-Safari. Eigenkreationen mit Zutaten aus aller Welt runden das klassische Cocktailmenü ab. Eine umfangreiche Single-Malt-Auswahl und ein Humidor machen den Abend komplett.

Breidenbacher Hof, Königsallee 11
D - 40212 Düsseldorf
— capellahotels.com

GEKKOS

Schwarze Separees und goldene Sitzgruppen sorgen für verführerische Intimität und ergänzen den glänzenden Bartresen im Design einer Kreditkarte. Diese wird für die ein oder andere Flasche Champagner häufiger gezückt. Sündhaftes Ambiente bei sündhaft guten Drinks.

Hochstraße 4
D - 60313 Frankfurt am Main
— gekkos-bar.com

ELEGANT & ERFINDERISCH

Glamourös, dekadent und verspielt hat sich das Provocateur dem Paris der 1920er-Jahre verschrieben.

DAS LOFT BAR, WIEN

PROVOCATEUR, BERLIN

DAS LOFT BAR

Ein traumhafter Blick über die Dächer Wiens mit urbanem Flair belohnt den Gast im Loft. Im 18. Stock werden Cocktailklassiker und Eigenkreationen serviert. Wer es spritzig mag, sollte den Loft Mule probieren. Smart-Casual-Garderobe ist ratsam.

Praterstraße 1
A – 1020 Wien
— dasloftwien.at

ENGLHOF

Einzigartige Genuss-Enklave von Andreas Hotter: Im Englhof experimentiert man einerseits mit frischen Kräutern der Region wie Brennnessel, Schafgarbe oder Kornblume, während man andererseits rare schottische Abfüllungen aus dem Hut zaubert. Bei mehr als tausend Whisk(e)ys wird man sicher fündig.

Zellbergeben 28
A – 6277 Zell am Ziller
— englhof.at

PROVOCATEUR

Glamourös, dekadent und verspielt gibt sich das Provocateur. In burleskem Ambiente, das an die amourösen Etablissements des Paris der 1920er-Jahre angelehnt ist, zaubert ein souveränes und vielfach prämiertes Barteam erstklassige Drinks aus dem Hut.

Brandenburgische Str. 21
D – 10707 Berlin
— provocateur-hotel.com

HOTELBARS

SHUKA BAR, 25HOURS, FRANKFURT

Spitzendrinks und ein beeindruckender 360-Grad-Panorama-Blick über Hamburg.

SHUKA BAR / 25HOURS

Ein gewagter Mix, der funktioniert: Die Shuka Bar vereint israelische Küche und japanische Cocktailkunst. Passenderweise legen die Drinks ein Augenmerk auf Sake. Hier finden Gastfreundschaft, Lebendigkeit, exquisite Küche und Cocktails gekonnt zusammen.

Niddastraße 56-58
D - 60329 Frankfurt am Main
— 25hours-hotels.com

LES TROIS ROIS

Der klassische Charakter der Bar mit Kristallleuchtern, schweren Chesterfield-Sesseln, bequemen Kissen und dezenter Beleuchtung katapultiert den Gast in die Vergangenheit. Dazu genießt man Rum pur, ausgeklügelte Cocktails und Barfood vom Feinsten.

Blumenrain 8
CH - 4001 Basel
— lestroisrois.com

LANG BAR / WALDORF ASTORIA

Benannt nach Fritz Lang, bietet die Bar des Waldorf Astoria auch ein spezielles visuelles Erlebnis mit beiderseitigem Ausblick auf den Kurfürstendamm. Im Glas: nicht weniger sensationelle Drinks, gerne auch mit Obstbränden regionaler Hersteller.

Hardenbergstraße 28
D - 10623 Berlin
— waldorfastoriaberlin.de

ELEGANT & ERFINDERISCH

FONTENAY BAR, HAMBURG

DAS STUE, BERLIN

FONTENAY BAR

Opulente Architektur verleitet bereits im Atrium zum Staunen. Das Design der Bar ist in schlichtem Understatement gehalten. Dafür beeindruckt der 360-Grad-Panorama-Blick über Hamburg umso mehr. Verführerische Spitzendrinks lassen den Gast noch ein Stockwerk höher schweben.

Fontenay 10
D - 20354 Hamburg
— thefontenay.com

BAR AM STEINPLATZ

Die Bar am Steinplatz setzt regelmäßig Maßstäbe in der Mixologie. Sei es, indem man alle Gins durch Doppelwacholder ersetzt oder weil die Karte aus durchgehend transparenten Cocktails besteht, um den Fokus der Drinks auf Geschmack und Aroma zu legen. Großartiges Barfood.

Steinplatz 4
D - 10623 Berlin
— barsteinplatz.com

DAS STUE

Am Rande des Berliner Zoos findet man dieses historische Gebäude aus den 1930er-Jahren. Ein mit Kupfer ummantelter Tresen schmiegt sich in die lockere Wohnzimmeratmosphäre. Der Fokus der Drinks liegt auf Whisky und Wermut, die man zu einem Stummfilm oder an einem der Jazz-Abende genießen kann.

Drakestraße 1
D - 10787 Berlin
— das-stue.com

KOMPROMISSLOS & DURCHDACHT

KONZEPT BARS

Die Bar, die alles auf eine Karte setzt. Nämlich auf die eigene. Hier überlegt man sich sehr genau, was man tut, und vor allem, wie man es tut. Hier heißt der Freund Konzept und der Feind Kompromiss. Komm der Konzeptbar also nicht damit, dass sie alle zufriedenstellen müsse oder dass sie für alle das passende Fläschchen im Schränkchen stehen haben solle! Da lacht die Konzeptbar und antwortet: »Schön und gut, aber nichts ist schlimmer als nett gemeint. Nimm lieber an meinem Tresen Platz und lass dich überzeugen.« Überzeugen von wilder Kreativität und magischen Spleens, von Experimenten in Kräuterlaboren oder dem Ergebnis individuellen Sammlerwahnsinns. Kurzum: von durchdachter Kompromisslosigkeit.

BECKETTS KOPF

Das Ehepaar Crist na Neves und Oliver Ebert führt seine seit 2004 bestehende Bar ohne Kompromisse, aber mit viel Herzblut. Radikale Produktversessenheit und ein Fokus auf Obstbränden trifft auf weltoffene Intellektualität.

Pappelallee 64
D - 10437 Berlin
— becketts-kopf.de

KOMPROMISSLOS & DURCHDACHT

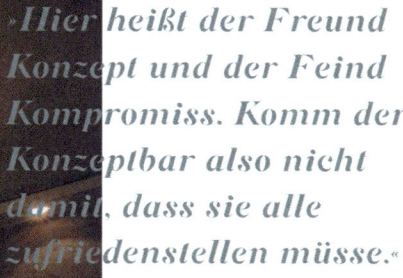

>*"Hier heißt der Freund Konzept und der Feind Kompromiss. Komm der Konzeptbar also nicht damit, dass sie alle zufriedenstellen müsse."*

KONZEPTBARS

THE HIGH, MÜNCHEN

THE HIGH

»Highballs and low expectations« verspricht die Bar an der Grenze zum Glockenbachviertel. Weg vom Industriedesign und hin zum Miami der 1980er-Jahre war das Designcredo, das in dem kleinen Raum elegant umgesetzt wird. In den Gläsern: Highballs vom Feinsten.

Blumenstraße 15
D - 80331 München
— drinkourballs.de

SCHWARZE TRAUBE

Seit 2012 steht die Schwarze Traube von Atalay Aktas für die Kombination aus Progressivität und zugänglicher Nachbarschaftsbar. Immer schon ohne Karte, aber mit Feingefühl und Kreativität setzt die Bar regelmäßig Maßstäbe, ohne dabei das Rampenlicht zu suchen.

Wrangelstraße 24
D - 10997 Berlin
— schwarzetraube.de

FRAGRANCES – THE RITZ CARLTON

Barchef Arnd Henning Heißen und sein Fragrances-Konzept waren der Urknall, der Cocktails mit Parfüms in Verbindung gesetzt hat. Drinks werden hier nach Duftvorlieben bestellt. So wurde aus dem Provisorium im Ritz-Carlton eine Bar, die aus Berlin nicht mehr wegzudenken ist.

Potsdamer Platz 3
D - 10785 Berlin
— ritzcarlton.com

FRAGRANCES, BERLIN

Im Boilerman, der Keimzelle des Highball-Revivals, kommen ausschließlich Longdrinks bzw. Highballs in die Gläser.

BOILERMAN, HAMBURG

MATIKI

Moderne Tiki-Bars verzichten nicht auf die Eckpfeiler ihrer Kultur, also Hawaiihemden, polynesische Gottheiten und Bambus. Was sie nicht mehr benötigen, sind Drinks, in denen fünf Fruchtsäfte auf Rum zusammengeschüttet werden. Das Matiki der Brüder Arik und Matty Vinnitski holt Tiki-Drinks in die Gegenwart.

Gardegasse 2
A - 1070 Wien
— matiki.at

BOILERMAN

Was der Hamburger Bar-Impressario Joerg Meyer angreift, wird meist zu Gold. So auch das Boilerman, die Keimzelle des Highball-Revivals. In dieser Bar ohne Shaker kommen ausschließlich Longdrinks bzw. Highballs in die Gläser, dazu gesellt sich eine feine Bierauswahl, gerne mit einem Bourbon genommen.

Eppendorfer Weg 211
D - 20253 Hamburg
— boilermanbar.net

KAWENZMANN

Polynesien beginnt östlich der Regnitz. Mit dem Kawenzmann hat die blühende Bar-Stadt Bamberg ihre Tiki-Hochburg, die stilgerecht mit frischem Obst, hausgemachten Sirups und modernen Klassikern wie zeitgenössischen Drinks interpretiert wird.

Lange Str. 13
D - 96047 Bamberg
— kawenzmann-bamberg.de

Die Bar Wagemut stellt ihre eindrucksvolle Sammlung an Raritäten und Kuriositäten nicht nur aus, sie sind auch zu trinken.

BAR WAGEMUT, BERLIN

VELVET, BERLIN

VELVET

Mit einem sensationellen Fokus auf selbst hergestellten Zutaten und einer wöchentlich wechselnden Karte hat sich das Velvet innerhalb kürzester Zeit in den Bar-Olymp geschossen. Hier werden im Labor mit Sous-vide und Zentrifuge Maßstäbe gesetzt, ohne dass die Gastfreundschaft darunter leidet.

Ganghoferstraße 1
D - 12043 Berlin
— @velvet.berlin

DIE PARFÜMERIE

Der Name ist Programm: Eau de Toilette als Longdrink, Eau de Parfum als Shortdrink - die Karte vergegenwärtigt die Nähe der Cocktail- und der Parfümwelt und setzt die Aromen gekonnt in Szene. Dazu gibt es Mini-Cocktail-Flakons für den Nachhauseweg - wenn man überhaupt wieder gehen will.

Neustiftgasse 84
A - 1070 Wien
— dieparfuemerie.net

BAR WAGEMUT

Betreiber Nicolas Kröger ist ausgebildeter Butler, Sommelier und Spirituosenexperte. In der Bar Wagemut stellt er seine eindrucksvolle Sammlung an Raritäten und Kuriositäten nicht nur aus, sie sind auch zu trinken. Dazu gibt es starke, fassgelagerte Rum-Cocktails. Diese Bar trägt ihren Namen völlig zurecht.

Kreuzbergstraße 71
D - 10965 Berlin
— bar-wagemut.com

THE CHUG CLUB, HAMBURG

THE PURPLE ROOM

Highballs und Hotdogs: Klarer und einfacher kann man die Ausrichtung einer Bar nicht auf den Punkt bringen. Mit einem Fokus auf Weniger-ist-mehr und augenzwinkernden Drinks wie den Gravel Coconut Pit zelebriert der Purpe Room die neue Leichtigkeit der Bar auf perfekte Weise.

Theodor-Heuss-Straße 34
D - 70174 Stuttgart
— thepurpleroom.de

THE CHUG CLUB

Tequila wie er in Deutschland zuvor noch nie – und seither noch nicht wieder – interpretiert wurde: »Chugs« sind aromatisch aufregende Mini-Cocktails, die im täglich wechselnden Cocktail-Menü alle Farben spielen. Barchefin Bettina Kupsa wurde nicht von ungefähr bereits zur »Gastgeberin des Jahres« gewählt.

Taubenstraße 13
D - 20359 Hamburg
— thechugclub.bar

VOODOO REYES

Das Voodoo Reyes verströmt exotisches Dschungelfieber und spiegelt sich doch auch im modernen Spiegeldekor von zeitgenössischem Design wider. Mit einem Fokus auf botanischen, farbenfrohen Drinks hat diese Bar in Genf seit ihrer Eröffnung 2018 für Furore gesorgt.

Rue du Cendrier 22
CH - 1201 Genf
— voodooreyes.ch

ZEITLOS & INNOVATIV

KLASSISCHE BARS

Die eine Bar, sie alle zu knechten. Die klassische Bar ist der große Allrounder, der sich mit Demut und Toleranz die Schürze bindet. Hier sitzt der einfache Schaum auf der Bierkrone ebenso genau und perfekt wie die Sous-vide-basierte Cocktailkarte. Innovation wird großgeschrieben, aber im Stillen betrieben und nicht an die große Glocke gehängt. Rumposaunen sollen die anderen oder auch die Engel der Apokalypse. Die klassische Bar regt das nicht auf, denn sie war immer da und wird immer da sein. Sie ist das Alpha und Omega der Trinkkultur, die uns den Geist der Gemeinsamkeit und die Freude der Freundschaft schenkt, so wie sie uns vor den Turbulenzen einsamer Nächte und dem Chaos in uns schützt. Amen.

»*Die klassische Bar betreibt Innovation im Stillen und hängt ihre Arbeit nicht an die große Glocke.*«

GUTS & GLORY

Ein sonderbarer Pfad führt durch eine Hintergasse entlang an Spielhallen und fragwürdigen Etablissements, bis man Mo Kaba und seinem großartigen Team in die Arme läuft. Die Bar mit dem markanten zentralen Tresenblock, den edlen Materialien und den stets auf den Punkt gebrachten Drinks trägt ihren Namen zu Recht.

Hirschhof 5
D - 76133 Karlsruhe
— gutsandglory.bar

ANGELS' SHARE, BASEL

ANGELS' SHARE

Nachbarschaftsbar und Mixologentempel: Kerzen flackern inmitten des Saloons mit den wunderschönen Tapeten. Die Inspiration und der Humor der Bartender drücken sich in der monatlich wechselnden Karte aus. Kostprobe? Wie wäre es mit dem Rhabarbara Streisand.

Feldbergstrasse 51
CH - 4057 Basel
— angelsshare.bar

THE OLD CROW

Eine der besten Bars der Stadt: Die alte Krähe, benannt nach einem Bourbon, präsentiert stolze 1.600 Spirituosen, darunter sehr rare Destillate, insbesondere bei Bourbon und Single Malt. Für Cocktailfreunde mixt Markus Blattner Klassiker und seine berühmten Eigenkreationen.

Schwanengasse 4
CH - 8001 Zürich
— oldcrow.ch

KING SCHULZ

Vintage-Möbel entführen in eine gemütliche Cocktailkneipe der 50er-Jahre. Hier sind Tom Waits, Raucher und Whiskey zu Hause. Auch zum wochenendlichen Hochbetrieb kommen getwistete Drinks wie der Kimchi Bloody Mary souverän aus dem Shaker.

Weigelstraße 14
D - 34117 Kassel
— kingschulz.de

ZEITLOS & INNOVATIV

*»Ganz Wien« ist heute
auf Porn Star Martinis.*

ONE TRICK PONY, FREIBURG IM BREISGAU

KLEINOD, WIEN

ONE TRICK PONY

In einem historischen Kellergewölbe, umgeben von Feldsteinen und filigranen Eisenkonstruktionen, hasardiert eine der kreativsten Bars des Landes irrlichternd vor sich hin. Ob bei den Cocktails oder in der Karte, in der diese präsentiert werden, Andreas Schöler, Boris Gröner und Team marschieren vorneweg.

Oberlinden 8
D - 79098 Freiburg im Breisgau
— onetrickpony.bar

HUNKY DORY

Der Name der Bar von Armin Azadpour beschreibt das Motto: Alles in Ordnung. Das gilt am langen Tresen im Stile der 1930er-Jahre wie in den Nischen mit den passenden historischen Telefonen. Hervorgetan haben sich vor allem die spannenden Tap-Cocktails, die aus vorgekühlten Fässern gezapft werden.

Baseler Str. 10
D - 60329 Frankfurt am Main
— hunkydorybar.com

KLEINOD

Vintage-Details mit Art-déco-Anmutung werden umschmeichelt von einem geschickten Lichtkonzept. Klassische Drinks und Eigenkreationen mit Fat-Washing oder Infusionen treffen auf mehr als 50 Gins. »Ganz Wien« ist heute auf Porn Star Martinis.

Singerstraße 7
A - 1010 Wien
— kleinod.wien

KLASSISCHE BARS

Man tut gut daran, in dieser Bar zu verschwinden wie Alice im Wunderland.

THE RABBITHOLE, HAMBURG

THE OLD JACOB

Auch die alte Bundeshauptstadt kann Barkultur. Ein dunkler Holztresen und alte Wandbilder verströmen Salon-Aura der Viktorianischen Epoche, ein intimes Hinterzimmer rundet den Eindruck ab. Vorne agiert mit dem unermüdlichen Sembo Amirpour einer der Senkrechtstarter der letzten Jahre.

Kesselgasse 1a
D - 53111 Bonn
— theoldjacob.com

DAS SCHWARZE SCHAF

Diese wohnzimmerartige Trinkstube war das Katapult von Sven Goller, der heute einer der bekanntesten Bartender Deutschlands ist. In seiner Bar, die man getrost als Keimzelle der Bamberger Barkultur bezeichnen kann, steht der versierte Bartender trotzdem regelmäßig hinter dem Tresen.

Schranne 7
D - 96049 Bamberg
— @dasschwarzeschaf_bamberg

THE RABBITHOLE

In der Bar im Vintage-Look sind Hasen allgegenwärtig, ob im Bilderrahmen, am Boden oder in der Cocktailkarte. Fantasievolle Eigenkreationen treffen auf eine vorzügliche Single-Malt-Auswahl. Man tut gut daran, im charmanten Lokal von Constanze Lay zu verschwinden wie Alice im Wunderland.

Kleine Freiheit 42
D - 22767 Hamburg
— the-rabbithole.de

ZEITLOS & INNOVATIV

BAR GABÁNYI, MÜNCHEN

HILDEGARD BAR, BERLIN

HILDEGARD BAR

Mitten in die aufblühende Barlandschaft um den Kurfürstendamm hat Urgestein Thomas Pflanz seine Hildegard Bar platziert, wo er eindrucksvoll demonstriert, wie jahrzehntelange Erfahrung in progressive Barkultur mündet. Wer den Erfinder des Watermelon Man sucht, wird hier fündig.

Marburger Str. 3
D - 10789 Berlin
— hildegardbar-berlin.de

DIETRICH'S

Café, Weinstube – vor allem beschert Clemens Dietrich der Hansestadt aber eine Bar mit hervorragenden Cocktails und einer beachtlichen Whisky-Auswahl. Noch mehr legt er sein Augenmerk aber auf Gins, knapp 250 warten auf den Gast. Zahlreiche Verkostungen rings um das Wacholderdestillat runden das Programm ab.

An der Untertrave 108
D - 23552 Lübeck
— dietrichs-luebeck.de

BAR GABÁNYI

Stefan Gabányi schuf nicht nur sein persönliches Cocktail-Wohnzimmer mit hervorragenden Drinks und einem intimen Rückzugsraum. Dazu schuf er die Bar mit dem vermutlich anspruchsvollsten Musik- und Kulturprogramm des Landes.

Beethovenplatz 2
D - 80336 München
— bar-gabanyi.de

SUDERMAN, KÖLN

Paul Sieferle prägt mit seinen Bars die Trinkkultur Mannheims.

SUDERMAN

Der Wochenmarkt inspiriert die saisonalen Cocktails in der Suderman Bar und natürlich die hausgemachten Zutaten, die dementsprechend entstehen. Leder, Stein und Holz prägen den markanten Charakter des Raumes, der aus der Kölner Barlandschaft nicht mehr wegzudenken ist.

Sudermanplatz 3
D - 50670 Köln
— @sudermanbar

VINTAGE BAR

In der Vintage Bar hat Gerhard Fäch den Fokus auf Drinks aus dem Zeitraum von 1850 bis 1940 gelegt. Wer Swing und Jazz, Daisy und Swizzle sucht oder entdecken will, ist hier richtig. Zuvor muss man aber klingeln.

Irrerstraße 5
D - 90403 Nürnberg
— vintage-bar.de

SIEFERLE & KO

Paul Sieferle, der auch als Musiker bekannt ist, prägt mit seinen Bars die Trinkkultur Mannheims. Großartige Cocktails, originelles Vintage-Barmenü und sehenswertes Gläserkonzept machen mittlerweile weit über die Stadtgrenzen hinaus Schlagzeilen.

Neckarvorlandstraße 17a
D - 68159 Mannheim
— sieferleundko.de

SIEFERLE & KØ, MANNHEIM

FIFTY COCKTAIL HEROES, BERLIN

SCHUMANN'S

Die Bücher von Charles Schumann haben Cocktailkultur in Deutschland im Alleingang über Wasser gehalten, und der Dampfer am Odeonsplatz thront weiterhin über allen sieben Meeren. Barkultur vom Scheitel bis zur Sohle, ein zeitloses Monument.

Odeonsplatz 6-7
D - 80539 München
— schumanns.de

PEARLZ

Bermudadreieck und Cocktailkultur sind meist zwei Dinge, die sich gegenseitig ausschließen - oder aber es sind Orte wie das Pearlz, die sich zwischen die Trinkstationen mit Schirmchen zwängen, um Pionierarbeit zu leisten. Wie der Erfolg zeigt: Bochum konnte es vertragen.

Kortumstraße 3
D - 44787 Bochum
— @pearlz.by.barzani

FIFTY COCKTAIL HEROES

Am Gemeinschaftstisch kommt die Nachbarschaft ins Gespräch, am Tresen blickt man den Bartendern auf die Finger. Gemixt wird klassisch und auch mit Twist, vor allem aber fröhlich. Die Atmosphäre ist schwarz, schlicht und doch elegant. Endlich wieder eine Bar für den Prenzlauer Berg.

Sredzkistraße 62
D - 10405 Berlin
— @fiftycocktailheroes

EXPERIMENTELL & PROGRESSIV

BAR & RESTAURANT

Die Bar, die über den eigenen Tellerrand hinausblickt. Das Glas wartet hier nicht bloß als Zuschauer neben dem Teller, der Teller langweilt sich hier nicht neben dem Glas. Das eine gehört zum anderen wie Ying zu Yang, wie oben zu unten, wie links zu rechts. Beide bilden eine Genusseinheit, der das gleiche Maß an Sorgfalt, Genauigkeit und Fantasie geschenkt wird, die ihresgleichen sucht. Steife Tischdecken und barocke Beleuchtung pressen sich an die Scheibe und wollen hinein, müssen aber draußen bleiben. Haben leider Hausverbot. Bar-Restaurants sind moderne Erlebniswelten, in denen der Tag zur Nacht und die Nacht zum Tag wird. Eine in sich geschlossene Einheit eben, voller Experimentierfreude und Progressivität.

»*Steife Tischdecken und barocke Beleuchtung pressen sich an die Scheibe, müssen aber draußen bleiben. Haben leider Hausverbot.*«

THE BIRDYARD

Ein dreistöckiger Vogelkäfig als Gesamterlebnis: The Birdyard macht in voller Farbenpracht vor, wie Bar und Restaurant zusammengehen. Die Happen aus der Küche können überall genossen werden, in der dunkel gehaltenen Bar mit ihren diskreten Nischen entstehen Drinks auf der Höhe der Zeit.

Lange Gasse 74
A - 1080 Wien
— thebirdyard.at

BAR & RESTAURANT

Aus einem ehemaligen Angelbedarfsladen wurde im Handumdrehen eine der führenden Bars in Zürich.

BAR AM WASSER, ZÜRICH

BAR AM WASSER

Nach einem kurzen Ausflug in die Spirituosenindustrie ist Dirk Hany mit der Bar am Wasser fulminant in die Gastronomie zurückgekehrt und hat einen ehemaligen Angelbedarfsladen im Handumdrehen zu einer der führenden Bars in Zürich gemacht. Beeindruckend.

Stadthausquai 1
CH - 8001 Zürich
— baramwasser.ch

WERK 8

Die Bar in einer historischen Maschinenfabrik ist ein Motor der Baseler Barlandschaft. Am gigantischen Bartresen agiert ein hochkreatives Team, das gerne mit Obstbränden und regionalen Zutaten arbeitet. Ob Sirup oder Humus, alles kommt hier frisch zubereitet aus der Küche.

Dornacherstrasse 192
CH - 4053 Basel
— werkacht.ch

BONVIVANT

Im Bonvivant treffen unprätentiöse Drinks und zeitgemäße Bistro-Küche fulminant aufeinander - alles vegetarisch und bio-zertifiziert. Zusätzlich betreibt Barchefin Yvonne Rahm im Keller eine kleine Kunstgalerie, in der es auch politisch und gesellschaftskritisch werden darf.

Goltzstraße 32
D - 10781 Berlin
— bonvivant.berlin

EXPERIMENTELL & PROGRESSIV

WABI SABI SHIBUI, MÜNCHEN

LA LUCHA, BERLIN

WABI SABI SHIBUI

Klaus St. Rainer macht das Unmögliche möglich, in diesem Fall eine japanisch inspirierte Bar, die keine ist, und das mitten in München. In der ruhigen Schwester des lauten Bruders Goldene Bar findet hochwertiger Minimalismus Zugang ins Glas und auf den Teller.

Ludwigstraße 11
D - 80539 München
— wabisabishibui.pb.online

MANOAMANO

Das Manoamano steht seit 2010 für Barkultur in Wiesbaden. Auf der Karte stehen zeitgenössische Kreationen mit Kräutern und Gewürzen im Cuisine-Style ebenso wie Klassiker. Mit Vorliebe kommt in diesen der hauseigene Amato Gin zur Anwendung.

Taunusstraße 31
D - 65183 Wiesbaden
— manoamano-bar.de

LA LUCHA

Das La Lucha mit seiner unprätentiösen Kombination aus mexikanischer Küche und Bar ist rasch zu einer der ersten Anlaufstellen für Agavenspirituosen und Cocktails geworden. Lässig und am Puls der Zeit.

Paul-Lincke-Ufer 39-41
D - 10999 Berlin
— laluchaberlin.com

SCHOELLMANNS BAR & KÜCHE, OFFENBURG

Die Küche hat mittlerweile einen Michelin-Stern, die Bar von Tag eins an einen mutigen Aquavit-Schwerpunkt.

SCHOELLMANNS

Ein Aufzug im Seiteneingang eines Modegeschäfts bringt einen direkt in das Herz einer Bar, die als Pionier im Umgang mit deutschem Obstbrand gilt. Willi Schöllmann macht hier seit Jahren vor, wie Kirsche & Co. in Cocktails funktionieren. Der traumhafte Ausblick unterstreicht regionale Vorzüge.

Hauptstraße 88
D - 77652 Offenburg
— schoellmanns.de

ROTKEHLCHEN

»Wohnraum mit Küche und Bar« nennt Marie Rausch bescheiden ihre Oase, die Münster auf die Barlandkarte gebracht hat. Cocktail-Pairing mit selbst gemachten Pürees und Sirups zu origineller und saisonaler Küche wird hier auf ein neues Niveau gehoben.

Wasserstraße 1-3
D - 48143 Münster
— rotkehlchen-muenster.de

COLLINS

Das Collins bringt saisonale Speisen nach Darmstadt. Dabei geht man weg von der hessischen Küche und orientiert sich an den Einflüssen der internationalen Teammitglieder. Als Signature Drink glänzt eine Kombination aus Gin, Pampelmuse, Gurke, Zitrone und Zuckersirup - der Grace Collins.

Mauerstraße 6
D - 64289 Darmstadt
— hellocollins.de

— EXPERIMENTELL & PROGRESSIV —

GOLVET, BERLIN

STICKY FINGERS, REGENSBURG

GOLVET

Die Küche führt mittlerweile einen Michelin-Stern, aber auch die Bar des Golvet musste sich von Tag eins an nicht verstecken: Mit einem pionierhaften Schwerpunkt auf Aquavit und einem sensationellen Ausblick ist hier jeder Drink des kreativen Teams etwas Besonderes.

Potsdamer Straße 58
D - 10785 Berlin
— golvet.de

IMPERII

In der Bar mit dem markanten Doppel-i wirkt mit André Pintz einer der kreativsten Köpfe der deutschen Barszene - der früh den Stellenwert von hochwertigem Essen erkannt hat. Der Raum besticht durch Kupfer, Holz und edle Stoffe.

Brühl 72
D - 04109 Leipzig
— imperii.de

STICKY FINGERS

Nach einem Song der Rolling Stones hat Sternekoch Anton Schmaus, der hier seine lockere Seite auslebt, dieses Kleinod in Regensburg benannt. Die Bar hält mit fantasievollen Eigenkreationen der Küche das Wasser. Sticky, spicy, spannend - satisfaction is guaranteed!

Untere Bachgasse 9
D - 93047 Regensburg
— stickyfingers.restaurant

GESCHÜTTELT UND *VOR FREUDE* GERÜHRT

Jedes Jahr im Oktober werden in Berlin die MIXOLOGY Bar Awards vergeben, die wichtigsten Auszeichnungen der deutschsprachigen Barszene. Wir präsentieren die Gewinner 2020.

MIXOLOGY BAR AWARDS 2020

BAR DES JAHRES DEUTSCHLAND
The Kinly Bar, Frankfurt

BAR DES JAHRES ÖSTERREICH
Tür 7, Wien

BAR DES JAHRES SCHWEIZ
Angels' Share, Basel

NEUE BAR DES JAHRES
Bar am Wasser, Zürich

HOTELBAR DES JAHRES
The Fontenay Bar, The Fontenay, Hamburg

RESTAURANT-BAR DES JAHRES
Wabi Sabi Shibui, München

BAR-IKONE DES JAHRES
Schumann's, München

BARKARTE DES JAHRES
Barchetta, Hotel Storchen, Zürich

SPIRITUOSE / BAR-PRODUKT DES JAHRES
Paranubes Rum, Mexiko

BARTEAM DES JAHRES
Schumann's, München

BARTENDER DES JAHRES
Ruben Neideck, Velvet, Berlin

GASTGEBER DES JAHRES
Christian Heiss, Kronenhalle, Zürich

NEWCOMER DES JAHRES
Rebekka Anna Salzmann,
Angels' Share, Basel

MARKENBOTSCHAFTER DES JAHRES
CoCo Prochorowski, Hendrick's Gin /
William Grant & Sons, Campari Deutschland

— AWARDS.MIXOLOGY.EU

EVERY THING TULUS

AUTORIN Judith Jenner
FOTOGRAFIE Caroline Adam

Das Berliner Sternerestaurant Tulus Lotrek serviert
zu seinen Fünf- bis Sieben-Gänge-Menüs außergewöhnliche
alkoholfreie Drinks. Sommelier Felix Fuchs nimmt uns
mit auf eine Aromareise ohne Rausch.

Unscheinbar liegt das TULUS LOTREK hinter einer niedrigen Hecke im Erdgeschoss eines Gründerzeit-Altbaus in der Kreuzberger Fichtestraße in Berlin. Kerzen sorgen hinter den Schaufenstern für eine einladende Atmosphäre. Die Einrichtung des stuckverzierten Gastraums mit abgezogenem Dielenboden ist mit Holztischen und -stühlen simpel gehalten. Wenn ein Gast zu hart sitzt, reicht das Servicepersonal ein Schafsfell.

Diese ungezwungene Lässigkeit findet sich auch in der Küche des Tulus Lotrek wieder. Chefkoch und Mitinhaber Maximilian Strohe gilt als Vertreter einer wenig verkopften und dafür umso sinnesfreudigeren Kochrichtung. Starke Aromen zeichnen seine Gerichte aus. Keine überflüssigen Sättigungsbeilagen, sondern auf den Punkt zusammengestellte Kombinationen brachten ihm Ende 2017 den ersten Michelin-Stern ein. Seitdem sollten Gäste für einen Tisch am Wochenende mindestens einen Monat im Voraus reservieren. Den Gastronomen ist ihr Ruhm dennoch nicht zu Kopf gestiegen. Ilona Scholl, die das Restaurant mit Maximilian Strohe vor vier Jahren eröffnete und 2017 von den Berliner Meisterköchen zur »Gastgeberin des Jahres« gekürt wurde, empfängt jeden Gast mit der gleichen Wärme und Herzlichkeit.

Seit einiger Zeit bietet das Tulus Lotrek zu den Fünf- oder Sieben-Gänge-Menüs nicht nur eine Weinbegleitung, sondern auch auf die Gerichte abgestimmte alkoholfreie Drinks an. Entwickelt hat diese Sommelier und Bartender Felix Fuchs. »Viele Inspirationen für meine Kreationen und auch einige der Zutaten hole ich mir aus der Küche«, sagt der 28-Jährige. Er setzt aber auch selbst Kombucha, Kefir und kalten Kräutersud an oder greift auf die immer größer werdende Auswahl an alkoholfreien Spirituosen zurück.

Dabei ist der gelernte Restaurantfachmann auf diesem Gebiet weitgehend Autodidakt. Die Ausbildungen zum Bartender und Sommelier gaben ihm zwar die nötigen sensorischen Fähigkeiten mit, jedoch wenig konkrete Rezepte. »Beim Pairing gehe ich entweder von einem geschmacklichen Gegensatz aus, oder ich schaffe eine aromatische Verbindung zum Gang«, erklärt er. Ausgangspunkt kann auch der Wein sein, dessen Geschmacksnoten sich im alkoholfreien Begleiter wiederfinden.

Noch finden sich die alkoholfreien Drinks nicht auf der Speisekarte des Tulus Lotrek – schließlich bezieht sich der Name auf den französischen Maler Henri Toulouse-Lautrec, der als begeisterter Koch und Lebemann ein Freund der Völlerei und des Weines war. Das soll sich aber bald ändern, schließlich sind diese alkoholfreien Kreationen viel zu schade, um sie nicht offensiv anzupreisen. Wir haben sie deswegen ausgiebig unter die Lupe genommen und stellen fünf Pairings vor.

TULUS LOTREK

Fichtestr. 24, D - 10967 Berlin
Tel. +49 30 41956687
Um telefonische Reservierung wird gebeten.

TULUS LOTREK

FELIX FUCHS

Nach einer Ausbildung zum Restaurantfachmann in Hannover arbeitete Felix Fuchs im Restaurant *Ole Deele* sowie bei *Tim Raue*. Seit September 2018 ist der Sommelier verantwortlich für das Getränkeprogramm im Tulus Lotrek.

Mit einer Technik, die eigentlich aus der Weinverarbeitung stammt, stellt Felix Fuchs die Basis des alkoholfreien Aperitifs her: 24 Stunden lang legt er in einem Einsatz frische Kräuter wie Minze, Bockshornklee, Zitronenmelisse, Verbene und grünes Kaffeepulver in kaltem Wasser ein. Besser mehr Kräuter als weniger, rät der Sommelier, da man die Bittertöne bei dieser Art der Zubereitung nicht überextrahieren kann.

1 APERITIF

24-h-Kaltmazeration aus grünem Kaffee, Verbene, Jasminblüte & Zitronenmelisse, Verjus von Franz Weninger, unpasteurisierter Traubensaft & Sodawasser

Die Jasminblüte hingegen übergießt er mit heißem Wasser, denn es gilt die Faustregel, getrocknete Kräuter in warmem und frische in kaltem Wasser ziehen zu lassen. Die Blüten sorgen für etwas Floralität in dem Getränk. Dann kommt noch etwas Verjus hinzu, ein Saft aus unreifen Trauben, in diesem Fall von Franz Weninger aus dem österreichischen Burgenland. In der französischen Küche ersetzte Verjus früher Essig oder Zitronensäure, heute ist es eine beliebte Komponente in der zeitgenössischen Bar. Bereits die alten Griechen setzten den Saft als Medizin und Verdauungshilfe für fettreiche Speisen ein, der ideale Starter also für das von der französischen Küche inspirierte Menü.

Zu der Mischung kommt Traubensaft aus der Gutedeltraube vom badischen Weingut Ziereisen, der mit Weinsäure verfeinert ist, sodass er noch mehr nach Wein schmeckt. Für ein bisschen Frische fügt Felix Fuchs etwas Sodawasser hinzu und serviert den Drink in einem schlichten Tumbler.

2 Jakobsmuschel, Seeigel XO, Yuzu
PAIRING: fermentierter Johannisbeerzweigsaft, Seedlip Spice 94, 4-Tage-Kombucha

Durch die Meeresfrüchte und den stark einreduzierten Fischsud (Dashi) ist dieser Gang sehr intensiv im Geschmack, der noch verstärkt wird durch das sämige Karottenpüree mit Seeigelrogen. In Yuzusaft marinierte Holunderblütenstiele kontrastieren die fleischige Textur der Jakobsmuschel. Dazu passen die knusprigen grünen Reisflakes.

»Bei diesem Gang geht die Weinbegleitung stark auf den Gang ein und verbindet sich mit ihm. Hingegen ist der alkoholfreie Drink eher als Kontrast gedacht. Beides funktioniert wirklich gut«, erklärt Felix Fuchs.

Die alkoholische Begleitung ist mit Amontillado Medium Dry ein halbtrockener Sherry, halboxidativ ausgebaut von den Bodegas Barbadillo in Sanlúcar de Barrameda, der gut mit der Meeresfrucht funktioniert. Zu so einem Gang darf der Alkoholgehalt mit 17,5 % Vol. auch etwas höher sein.

Basis des alkoholfreien Drinks ist ein fermentierter Johannisbeerzweigsaft, der vom Tulus Lotrek selbst hergestellt wird. Die Beeren samt Stielen kommen vom Biohof Grete Peschken. Dafür wurden die Beeren samt Zweigen kurz in Wasser eingeweicht, in den Thermomix gegeben, abpassiert und zusammen mit Salz und Zucker in einem offenen Behälter für einen Monat stehen gelassen. Durch den Fermentationsprozess ohne alkoholische Gärung schmeckt der Saft bereits für sich sehr intensiv und fast ein wenig nach Alkohol.

Dazu passt die leichte Säure des aus Darjeeling-Tee hergestellten, vier Tage lang gelagerten Kombuchas. Das alkoholfreie Destillat Seedlip Spice 94 fügt eine an Gin erinnernde Kräuternote hinzu, die auf jamaikanische Pimentbeeren zurückgeht. »In der Regel verwende ich nicht mehr als drei Zutaten: einen Hauptaromageber und zwei Modifizierer«, sagt Felix Fuchs. »Bei mehr Zutaten kann der Geschmack vom Grundthema abweichen.«

3 Lauch, Gudbrandsdalen (norwegischer Käse), Zwiebelcreme. PAIRING: Siegfried Wonderleaf, Mediterranean Tonic von Fever-Tree, Fichtennadelöl

Die Gänge des Menüs im Tulus Lotrek werden regelmäßig ausgetauscht. Mindestens alle drei Monate gibt es eine neue Auswahl an Gerichten. Ein Dauerbrenner auf der Karte ist aber der »Versengte Lauch«. Dafür werden die Porreestangen bei etwa 600 Grad gegrillt, sodass sie innen aufplatzen. Das hat zur Folge, dass die äußere Schicht leicht angebrannt ist, während das Innere schön weich und cremig schmeckt. Das Ganze wird auf etwas im Thermomix hergestelltem Lauchöl serviert. Durch die starke Zwiebelaromatik und die versengte Schicht schmeckt das Gemüse intensiv aromatisch.

Obendrauf gibt es eine Sauce Soubise, eine Art Béchamel mit eingearbeiteten Zwiebeln, überbacken mit einem zuerst gefrorenen und später darübergeraspelten Gudbrandsdalen. Dieser norwegische Käse aus karamellisierter Ziegen- und Kuhmolke ist sehr fetthaltig und gibt diesem vegetabilen Gericht seine Cremigkeit.

Als Wein gibt es etwas extrem Florales dazu: Der 2017 Tamjanika vom Weingut Budimir aus Serbien. »Der Wein braucht diese Würzigkeit, um gegen den starken Geschmack des Gerichts anzukommen. Er legt sich drüber und hellt das Aromenbild etwas auf«, erklärt Sommelier Felix Fuchs.

Als alkoholfreies Pairing gibt es dazu den alkoholfreien Siegfried Wonderleaf, der die Aromenvielfalt des Gins wiedergibt. Dann kommen einige Tropfen Fichtennadelöl hinzu, das dem Drink einen frischen Waldgeruch verleiht. Das Mediterranean Tonic von Fever-Tree und ein paar Tropfen Zitronen-Limetten-Saft stellen die Floralität und Intensität her, die auch die Weinbegleitung auszeichnet.

Wunderbar zart schmeckt der Loup de Mer aus der Nordsee und dem Atlantik. Der weiße Fisch wurde für diesen Gang leicht gebeizt. »Die Pairings gehen jeweils eher auf die Beigaben, weil sie aromatisch viel wichtiger sind«, erklärt Felix Fuchs. Der Sud, eine Beurre Blanc aus einem einen Monat lang fermentierten Spargel, schmeckt säuerlich-aromatisch. Dazu gibt es ein Öl aus Argannuss und Bärlauch sowie ein bisschen Kamillenbutter.

4 Wolfsbarsch, fermentierter Spargel, Arganöl
PAIRING: klarer Tomatensaft, Schwarzkümmelöl, Läutersirup

Von der Weinseite wird das Gericht begleitet von einem trockenen Riesling 2001 vom Weingut Schembs in der Nähe von Worms, ein Jahrgang, der immer noch eine starke Frische mitbringt, obwohl sich bereits leichte Reifetöne herausschmecken lassen. Das holt die Säure vom Spargelsud gut ab, funktioniert aber auch mit dem Knoblaucharoma des Bärlauchs und der Kamillenbutter unglaublich gut.

Der alkoholfreie Drink hört sich fast eher nach einem eigenen Gang an: Den klaren Tomatensaft hat die Küche des Tulus Lotrek aus angequetschten Tomaten in einem Passiertuch herstellt und 24 Stunden austropfen lassen. Der Saft bringt ein starkes Umami und sehr viel Frische mit. Dazu kommen einige Tropfen Schwarzkümmelöl, eine mutige Kombination, denn wegen seines bitteren Geschmacks muss man beim Mixen extrem vorsichtig sein. Ein wenig Läuterzucker gibt dem Drink seine Süße. Alle Zutaten kommen mit etwas Eis in den Shaker, wo sich die Zutaten gut miteinander verbinden und das Eis den Drink zugleich etwas verwässert. Serviert wird er in einer Cocktailschale.

5 Pfifferling, Kakao, Eberesche
PAIRING: Pu-Erh, Hafermilch, Sanddornöl

Der Gang hat es in sich: Die Pfifferlinge haben einen kräftigen Umami-Geschmack, der dank des Pilzrahms noch voller schmeckt. Bedeckt wird er dann noch von einem leicht mit Kakaopulver bestreuten Pastateig, sodass der Gang viel Schmelz hat und sehr üppig wirkt. Dank der essbaren Vogelbeeren von der Eberesche bringt er aber auch ganz leichte Bittertöne mit sich.

Dazu passt der eine Minute länger als üblich gezogene aromatische Pu-Erh-Tee, der dank der Hafermilch einen breiten und vollen Geschmack bekommt – eine Reminiszenz an die britische Teekultur. »Sanddorn kommt dem fruchtigen Aroma der Eberesche nahe und kontrastiert zugleich das bittere Aroma des Pu-Erh. So haben wir hier einen Drink, der die Geschmackskomponenten des Gerichts direkt aufnimmt«, erläutert Felix Fuchs.

Im Gegensatz zu alkoholischen Cocktails arbeitet der Bartender und Sommelier bei alkoholfreien Begleitungen oft mit Ölen. Sie dienen als Geschmacksträger und machen das Getränk vollmundiger. Weil das Öl oben schwimmt, steigt sein Geruch noch vor dem ersten Schluck direkt in die Nase.

Der Wein, ein 2014 Cuvée EJ Thevenet aus dem Domaine de la Bongran, ist 18 Monate auf der Feinhefe im Stahltank gereift, hatte also keinen Kontakt mit Holz. Auf diese Weise bekam der Chardonnay seine Karamelligkeit und volle Dichte.

WERMUT
WEITERDENKEN

Maximilian Wagner, Sebastian Brack und Philipp Schladerer haben mit Belsazar Vermouth deutschen Wermut in den letzten Jahren in eine neue Ära katapultiert und als Aperitif salonfähig gemacht. Nun beweisen sie mit einem alkoholfreien Wermut erneut Pioniergeist. Und vermutlich den richtigen Riecher.

AUTOR Moritz Wenger

ROSÉ & TONIC

5 cl Belsazar Rosé *
10 cl Tonic Water

Glas – Tumbler
Garnitur – Grapefruitscheibe
Zubereitung – Belsazar Rosé * in ein mit Eiswürfeln gefülltes Tumbler-Glas geben und mit Tonic Water aufgießen. Mit einem Barlöffel umrühren und mit einer Grapefruitscheibe garnieren.

alkoholfrei

Die Idee kommt zur rechten Zeit: Es herrscht Goldrausch am Markt der alkoholfreien Spirituosen und Weine, der Markt boomt. Mit BELSAZAR VERMOUTH haben die Entrepreneure deutschen Wermut praktisch im Alleingang auf die Landkarte der Qualitätswermuts gehievt. Die Varianten *Red*, *Dry* und *Rosé* avancierten rasch zu Lieblingen bei Bartendern und Genießern, die lokale, handgemachte Alternativen zu italienischen oder französischen Wermuts suchten. Jetzt kommt die alkoholfreie Antwort, denn die Nachfrage wächst rasant: Das Gesundheitsbewusstsein steigt, immer mehr Menschen möchten ohne Rausch genießen.

Aber fehlt dem Wermut dann nicht irgendwas? »Die Basis für unseren alkoholfreien Wermut ist entalkoholisierter Wein, den wir durch Vakuumdestillation gewinnen. Alkoholfreier Wein kann teilweise wie saurer Traubensaft schmecken, die Herausforderung besteht darin, die Säure raus- und den Geschmack reinzubekommen«, erklärt Wagner. »Vor zwei Jahren hat das noch wie komisches Kraut geschmeckt, jetzt haben wir ein Produkt, das es mit echtem Wermut aufnehmen kann.«

Bald kann man sich also seinen Martini Cocktail komplett alkoholfrei zubereiten, schließlich mangelt es auch nicht an alkoholfreien Gins. So entspannt, wie die dasitzen, werden sie auf jeden Fall einen klaren Kopf bewahren. Ganz ohne Rausch.

AUF EIN LETZTES WORT

»WERDET BARTENDER!«

*Maria Gorbatschova ist Barchefin der Green Door Bar in Berlin.
Wir haben ihr zehn Fragen zum grünen Klassiker gestellt, dem Last Word.*

MIT MARIA GORBATSCHOVA

»Ich teile gern den Chartreuse-Anteil mit Palent Genepy, um den Drink etwas trockener und kräutrig, aber leicht erscheinen zu lassen.«

Mein erster Last Word war ...
ungewohnt. Die Mischung aus Fruchtigkeit, Kräutrigkeit und Säure fordert den Gaumen und ist eher etwas für Liebhaber. Als Crowdpleaser würde ich einen Last Word nicht bezeichnen.

Mein letzter Last Word war ...
eine Variante mit Genever statt Gin. Sehr zu empfehlen!

Ich schätze einen Last Word, weil ...
er uns etwas über Harmonie lehrt. Ich mixe gern Drinks mit gleichen Mengenverhältnissen, wie den *Corpse Reviver #2*, *Holland House* oder *Last Word*, und nehme kleine Veränderungen vor, um die perfekte Balance zu erforschen.

Ich serviere gerne einen Last Word, wenn ...
es zum Geschmack des Gastes passt, dem ich mich in zwei, drei Fragen annähere. Empfehlungen sind eine Kunst für sich.

Ich empfehle niemals einen Last Word, wenn ...
ihn jemand nicht (mehr) verträgt.

Ich würde gerne einmal einen Last Word trinken mit ...
Bob Dylan oder Patti Smith. Oder mit Oscar Wilde zu seinen Lebzeiten.

Ich habe gerne das letzte Wort, wenn ...
Gäste unangenehm werden. Zum Glück ist das sehr selten der Fall, aber auch das elegante Entschärfen von bestimmten Situationen ist eine Kunst.

Andererseits ist es nicht immer wichtig, das letzte Wort zu haben, da ...
sich am nächsten Tag eh niemand daran erinnert.

Den ersten Last Word in meiner eigenen Gläserserie bekommt ...
ich, zum Testen. Den zweiten bekommt dann mein Freund.

Ich sage zum Abschied ...
werdet Bartender! Ich hab es nie bereut.

LAST WORD
von Maria Gorbatschova

3 cl Tanqueray Ten
2,5 cl Limettensaft
2,5 cl Chartreuse Verte
   / Palent Genepy Mix
2,5 cl Maraschino

Glas – Coupette
Garnitur – keine
Zubereitung – Alle Zutaten in einen Shaker geben, ausreichend Eiswürfel hinzugeben, 15 Sekunden lang kräftig shaken. Doppelt durch ein Sieb abseihen.

COCKTAILIAN EDITION N°1

Oktober 2019 - 1. Auflage

– cocktailian.de
– @cocktailian_

HERAUSGEBER
Mixology Verlags GmbH
Karl-Marx-Allee 78, 10243 Berlin
©2019 Mixology Verlags GmbH

Alle Rechte vorbehalten. Nachdruck - auch auszugsweise - nur mit Genehmigung des Verlags.

VERTRIEB
TRE TORRI
TRE TORRI Verlag GmbH
Sonnenberger Straße 43, 65191 Wiesbaden
– tretorri.de

PressUp GmbH
Wandsbeker Allee 1, 22041 Hamburg
– pressup.de

ISBN / EAN
978-3-96033-072-1 / 4-192782-514908 01

CHEFREDAKTION
Stefan Adrian

KREATIVDIREKTION
Caroline Adam

GESTALTUNG
Editienne Kommunikationsdesign,
Kristina Daues, Christine Gundelach,
Hannes Häfner

COVER
Anne Deppe

KORREKTORAT
Langenbuch & Weiß

DRUCK UND BINDUNG
cpi books

AUTOREN
Richard Cicogna, Juliane E. Reichert, Stefan Adrian, Martin Stein, Marianne J. Strauss, Roland Graf, Iven Sohmann, Moritz Wenger, Michaela Bavandi, Matthias Matz, Judith Jenner

FOTOGRAFEN
Caroline Adam, Hakoon Hoseth, Sarah Swantje Fischer, Jordan Snowzell, Anne Deppe

ILLUSTRATOREN
Nina Tiefenbach

BILDER
Speakeasy – Truffle Pig: Bastian Bochinski / The Grid: Corporate Inspiration / Altbau Bar: Altbau Bar / Le Lion: Le Lion Barbetriebe GmbH, Swetlana Holz / Drip Bar: Drip Bar / The Kinly Bar: The Kinly Bar / Tales Bar: Tales Bar / *Hotelbar* – Ory Bar: Anne Puhlmann / Gekkos: Gekkos / Das Loft: Das Loft / Provocateur: Provocateur / Shuka Bar 25Hours: 25Hours / Fontenay Bar: The Fontenay Hamburg / Das Stue: Steve Herud / *Konzeptbars* – Becketts Kopf: Holger Oloff Geissler / The High: The High / Fragrances: Matthew Shaw / Boilerman: Swetlana Holz / Velvet: Sarah Swantje Fischer / Bar Wagemut: Hauke G. Thüring / The Chug Club: Tim Gerdts / *Klassische Bars* – Guts & Glory: Paul Gärtner / Angels' Share: Nicolas Gysin / One Trick Pony: One Trick Pony / Kleinod Wien: Kleinod Wien / The Rabbithole: Cornelia Krieger / Hildegard Bar: Hildegard Bar / Bar Gabány: Slavica Ziener / Suderman Bar: Wolfgang Simm / Sieferle & Kø: Steffen Beck / Fifty Cocktail Heroes: Martin Diepold / *Bar Restaurant* – The Birdyard: The Birdyard / Bar am Wasser: Bar am Wasser / Wabi Sabi Shibui: Christoph Grothgar / La Lucha: La Lucha / Schoellmann's: Jigal Fichtner / Golvet: Thomas Schlorke / Sticky Fingers: Berliberlinski